# ソ連邦の崩壊と社会主義

## ——ロシア革命100年を前に

村岡到

ロゴス

# まえがき

この（二〇一六年）七月は、国内では、参議院選挙と東京都知事選挙があり、アメリカでは一一月の大統領選挙の候補者が民主党と共和党で大会決定され、一四日にフランスで八五人の死者が出るテロ事件が発生した。六三五〇万人に及ぶ難民問題も深刻である。日本の二つの選挙では、参議院選挙で壊憲勢力が三分の二を確保し、都知事選挙では右翼の日本会議に連なる女性候補が圧勝した（補論で短く論評）。

アメリカの大統領選挙では、民主党のバーニー・サンダース氏が泡沫と思われていたのに、最後まで元国務長官のクリントン氏と競い合う大健闘だった。サンダース氏は七四歳で、共和党が強い保守的なヴァーモント州でバーリントン市長や下院議員としても活躍し、一〇〇人しかいない上院議員にもなり、何よりも「社会主義者」と公然と名乗っている（最新刊の『バーニー・サンダース自伝』大月書店、は必読である）。多くの日本人が「エッ！　アメリカに社会主義者？」と驚いた。

二人目はクリストーフ・デームケ氏、と言っても知っている人はごく少ないだろう。彼は、東ドイツの福音主義教会のキリスト者で、ベルリンの壁が崩壊した一九八九年にドイツ民主共和国（＝東ドイツ）崩壊後にも「残らねばならないこと」の一つとして「社会主義」と明記し、その意味を「労働の重荷と成果を互いに分かち合うという社会主義の基本的関心です」（一五頁）と説明した。一九九一年末のソ連邦崩壊の前年に刊行された著作に収録されたものだからいささか時を経た文書であるが、訳者渡部満氏によれば「さまざまな脅迫や弾圧を経験しながらも望みを捨てることなく国内に留まり……社会の変革を願い求め」（二一九頁）た人の発言だけに特筆に値する。この言葉は、J・ヒルデブラント／G・トーマス編『非暴力革命への道』（教文館、一九九二年）からである。本書の校正中に、銀座のキリスト教図書の教文館に数年ぶりに妻に伴われて入ったら、書棚のこの本が目に入り、頁をめくっていたら、この文章を発見した。信心深い人なら「神の導き」と胸を打たれるであろう。

三つ目は、この前日の「東京新聞」一面に「心情的社会主義者」の文字を見つけた。権藤三鉉著『芥川龍之介論』の広告のキャッチフレーズである（七月二九日）。芥川は「心情的社会主義者」だった（文芸書房出版、八八頁など）。東大での卒論は「ウィリアム・モリス〈注〉研究」（一一二頁）で、芥川は、「小生はせつ《ママ》かちな革命家には同情しません」と書き、ロシアでの「ネップ」（新経済政策）とレーニンを高く評価していた（一〇六頁）。サンダースの広告には「社会主義者」とある。これらの言葉が広告のキャッチフレーズになったことに最近の風潮の変化が読み取れる。

今日の日本は、非正規労働者が激増し、社会的格差が深刻に広がり、子どもの六人に一人が貧困状態で、児童虐待が年間一〇万人を超える〈格差社会〉となっている。壊憲策動も強まっている。〈友愛を心に活憲を！〉を対置して反撃しなくてはならない。その反転攻勢のなかで、やがて〈社会主義〉は再浮上すると、私は確信している。流行り言葉で言えば「九九%の貧者」の味方として、〈社会主義思想〉は誕生した（拙著『社会主義はなぜ大切か』社会評論社、参照）のであり、歴史の経験に学んで、〈社会主義像〉を豊かにしていくことが求められているのである。

私は、一九六〇年の安保闘争に高校二年生で地方都市のデモに参加していらい、初めは新左翼の「反戦派労働者」として活動し、いらい〈社会主義〉を志向してきた。大学に行かなかったので、学歴社会では軽視され、政治的には社会主義志向を明確にし、「日本共産党との対話を求める」という独自の主張ゆえに、日本共産党からも新左翼党派からも敬遠されている。他方、昨年、日外アソシエイツの「現代を代表する作家・執筆者・研究者・ジャーナリストなど五〇〇〇名」を収録した『現代日本執筆者大事典・第5期』に掲載された。この人名事典には新左翼系の論者は数人しか載っていない。だから、どうした、ということに過ぎないが、励みにはなった。

本書に収録した論文の執筆経過をごく簡単に説明する。

第Ⅰ部　今日の課題：主となる「ソ連邦の崩壊とマルクス主義の責任」は、今度あたらしく書いた。最初の「社会主義再生への反省」は、一九九一年に「朝日新聞」に投稿・掲載されたもので、一つの出発点をなす。「『ソ連邦＝党主指令社会』論の意義」は一昨年に書いた。「森岡真史論文に答えることが急務」は、二〇一一年に『経済科学通信』の「誌面批評」として求めに応じて書いたもので、私が関与しない他の雑誌での掲載であった。

第Ⅱ部　歴史的反省：「レーニンの『社会主義』の限界」は、一九九二年に『経済評論』に投稿・

掲載された。「社会主義経済計算論争の意義」は、一九九六年に『原典　社会主義経済計算論争』を編集・刊行した時にその「解説」として書いた。「〈社会主義と法〉をめぐるソ連邦の経験」は、一九九九年に書いた。「レーニンとオーストリア社会主義」は、二〇〇四年にレーニン没八〇年に際して開催したシンポジウムでの報告を元にしている。

第Ⅲ部　未来社会論：「社会主義の経済システム構想」は、二〇〇八年に公益財団法人政治経済研究所の『政経研究』に発表したものである。

第Ⅳ部　書評：ソ連邦の崩壊後の思索のなかで、強い刺激となり学んだいくつかの著作の書評である。近年のものも二つ収録した。

補論「政権構想」論議と「野党共闘」の前進を——参議院選挙と東京都知事選挙を終えて：ソ連邦論や社会主義論にだけではなく、日本の現実にも真剣に関心を払い出口を模索していることを明らかにするために、参議院選挙と東京都知事選挙の結果をどのように評価すべきかについて簡単ながら明らかにした。

「誰が書いたか」ではなく、〈何が書いてあるのか〉に重点を置いて一読していただいて、批判を寄せ、論議を深めていただくことを切望します。

二〇一六年八月六日　猛暑の夏　ヒロシマの日に

村岡　到

〈注〉『プランB』第四〇号＝二〇一二年一二月、の「特集：ウィリアム・モリスをどう捉えるか」参照。村岡到「ウィリアム・モリスと社会主義」も収録。

ソ連邦の崩壊と社会主義　目次

目　次

＊ 文中の敬称は論文によって異なる。
＊ 外国の地名などは不統一な場合がある。

# 第Ⅰ部　今日の課題

一九一七年にロシア革命は勝利し、一九九一年にソ連邦は崩壊した。この歴史に大文字で記されるべき出来事は何を意味し、そこから何を学ぶことが出来るのか。マルクス主義はどのような役割を果たし、その責任は何だろうか。

ソ連邦論として論じられてきた問題を鋭角的に解き明かす。

## 社会主義再生への反省

〔一九九一年〕八月一九日昼、ソ連のクーデターの報道を聞いたとき、私は〝まさか〟と思った。そうなってほしくないことが起きてしまったからである。三日後のクーデター劇の失敗に安心したと思ったら、二四日、ゴルバチョフ大統領がソ連共産党解体の声明を発表した。クーデターよりさらに深い衝撃であった。

一九六〇年の安保闘争のときに田舎の高校生のデモに参加していらい、私は新左翼の活動家になり、もう三〇年余になる。前半の一五年は、ソ連や日本共産党を打倒対象と考えていたが、ベトナム革命の勝利の年〔一九七五年〕にその考えを変え、ソ連や日本共産党は誤りも大きいが、社会主義をめざす陣営に属するものと位置づけ直し、ソ連については「官僚制の克服」を、日本共産党に対しては「対話と内在的批判」をよびかけるようになった。ペレストロイカについても期待し、支持した。私は、ペレストロイカのすべてを無批判的に支持したわけではないが、グラスノスチ〔情報公開〕と複数主義を軸とする政治的民主化の意義は大きく、さまざまな弱点はこの政治的民主化を基礎にして克服されるだろうと期待していた。

この期待は幻想となった。

それだけがよりどころというわけではなかったが、ロシア革命いらいのソ連の歩みには社会主義への基礎がはぐくまれていると、私は考えていた。だから、ソ連共産党解体という重い現実との落差に直面して、私は戸惑った。思考のヒントになりそうな本を読みかえしていたら「予測の当り外れではなく、予測にさいしていかなる条件の見落としがあったかを発見する」（梅本克己）ことこそが大切だという言葉を再発見した。ソ連はどうなるのか、さまざまな予測があったと思うが、私にとっては、経済の実態についての認識不足が決定的な弱点だと痛感させられた。

今年〔一九九一年〕六月にモスクワを訪問して汚れた空気を吸わされ、アルバート通りの「コーペラチブ・ヤクザ」（協同組合やくざ。通訳がそう教えてくれた）の腐敗した実態などを見て、私は、中国の鄧小平の「黒ネコでも白ネコでもネズミを取るネコは良い」という言葉のリアリティーを理解しなければならないと気づいた。「生産力主義ナンセンス」と断じることは簡単だが、経済システムのつまずきのなかで労働意欲が大きく減退しているとき、億の単位の国民の胃袋を満たす必要のある為政者の責任をわが身に引きつけて感じることのない、気楽な立場からの批判は意味はない。社会主義社会を実現するためには、いかなる経済システムを形成し、労働の動機を創造したらよいのか。この問題を最重要な課題として設定し、探究することこそが改めて問われているのではないだろうか。

いま一つの問題は、革命を政治的に指導する前衛党のあり方である。レーニン時代から不動の原則とされてきた「一国一前衛党」論と「民主集中制」（この二つは一対のものである）が根本から問い直されねばならない。九〇年二月のソ連憲法第六条の改変はその点で決定的な意義を有していた。さらに、党のあり方の問題とは、党の制度的レベルにおいてだけではなく、社会主義をめざして活動する一人ひとりの人間のあり方においてこそ反省されなければならないと痛感する。一つだけ例示すれば、左翼の中ではあまりにも他人の言説から学ぶことが少ない。党派や学派の垣根によって分断され、論争もなく、それぞれがジャルゴン（専門用語）を発して自己満足している。

このような弱点を深く自覚し、ロシア革命からの七〇年余の歴史を投げ捨てるのではなく、スターリン主義を、〈原罪〉として背負い、これまでの社会主義の思想と理論のどこに見落としがあったのかを再検討することこそが、社会主義の再生の道だと私は考える。

〔追　記〕

梅本克己の言葉は『唯物史観と現代』第二版、岩波新書、一九七四年、四頁から。五頁も参照。

# ソ連邦の崩壊とマルクス主義の責任

## はじめに

ロシア革命とは何だったのか？　そしてこの革命を起点にして一九二二年一二月に誕生した「ソヴィエト社会主義共和国連邦」（略称：ソ連邦）とは何だったのか。この問いはなお重く問われている。

まず、何時、どこで起きた事象を指して「ロシア革命」と言うのかを定めなくてはならない。普通には、一九一七年一〇月にロシアでツアーの帝政を打倒した社会の変革を指す。「一〇月革命」と言うこともある。同年二月にも「二月革命」が起きていた。さらに、この変革を起点とする数十年にわたるロシアの歩みを示す場合もあるが、その場合には「ソ連邦」の歴史としたほうが分かりやすい。歴史的な出来事だから幅がある。問題はこの変革をどのように意味づけて捉えるのか、にある。

長い間、ロシア革命は社会主義、あるいは社会主義の出発点と認識・宣伝されてきた。この革命を主導し国家権力を掌握したボリシェビキ党が、「社会主義」の実現を標榜し、国家の名称に前記のように「社会主義」と明示されたからである。逆に、他の国家とは異なって地理上の名前（日本、アメリカなど）は付いていない。そういう国家は初めてであった。そこには国家の枠を超えようとする国際主義の志向性が秘められていた。さらに、一九三六年のいわゆる「スターリン憲法」の第四条に「社会主義経済制度」が「確立した」と記されたからである。

この認識は長く不動の通説だったから、例証するまでもないが、E・H・カーだけを上げておこう。イギリスの歴史学者カーは、ロシア革命研究の第一人者だが、一九七九年に一般の読者むけに著した『ロシア革命』の「第1章　1917年10月」を「一九一七年のロシア革命は歴史における転換点であり、後世の歴史家が二〇世紀の最大のできごとと評価するのも当然であろう。……ロシア革命は、資本主義体制に対する最初の公然たる挑戦なのであった」（一頁）と書き始めている。

だが、一九九一年一二月にソ連邦は崩壊した。その二年前からのいわゆる「東欧革命」によって、ソ連邦の衛星国とも称されていた東ヨーロッパ諸国――ハンガリー、ポーランド、東ドイツ、ブルガリア、チェコスロバキア、ルーマニア、アルバニア――も相次いで体制転換した。「自主管理社会主義」を標榜していたユーゴスラビアも一九九二年に崩壊した。すると、各国で「社会主義の敗北」がけたたましく叫ばれ、左翼は後退・衰退した。それまでソ連邦に程度は別にして近しい位置にいたと思われる人びとの多くの部分が、「社会主義離れ」に陥った。出版界から社会主義関連の図書は大幅に姿を消し、大学の科目から「社会主義」が外され、「社会主義」を冠した団体の名称からこの四文字が消し去られた。例外的に、私も参加して一九八八年一〇月に創成された「社会主義理論学会」は今もその名で継続している。

そして、ソ連邦は「国家資本主義」に過ぎなかったという珍説が散発した。珍説と評するのは、ソ連邦経済の特質である「闇経済」や「指令」に着目することもできず、生産の動機が利潤にあると説明できないのに、「資本主義」と強弁しているからである。実は、この呼称は一九二〇年代にすでにオーストリアの社会主義者によってソ連邦批判のレッテルとされていた（本書、七七頁、参照）のだが、そのことに触れる論者はいない。粗暴な暴君が権力の座にあるときにはこびへつらい、その死後に「彼奴は悪人だった」とつぶやくような「理論」にすぎない。

さらに日本共産党は、一九七〇年代には「社会主義生成期」論を唱えていたが、九四年の第二〇回党大会で「社会主義とは無縁」と言い出し、二〇〇四年の綱領で確認した（本書、八〇頁）。だが、これらの外在的な評論は無責任であるばかりか、それでは、歴史から何かを学ぶことはできない。

本稿の第1節では、司馬遼太郎の『ロシアについて』の或る叙述をヒントにして、ロシア革命のなかにどのような「普遍的なもの」が存在していたのかを明らかにし、解明されるべき重要な問題群を項目だけ列記する。

かにする。

第2節では、ソ連邦の崩壊は〈マルクス主義の責任〉を抉り出すことを迫っていることを明らかにする。

第3節では、二一世紀に生きる私たちの課題として、資本主義を超えることを志向する場合、その次の社会はこれまでは「社会主義」とされることが多かった（私もそうしてきた）が、新しく〈資本主義克服社会〉と明示することが妥当ではないかという新しい試論を提起する。

〈付〉として、一九七五年いらい四〇年余にわたる私の思索の歩みを、ロシア革命に関連して読書した著作をリストアップして掲示し、主要な執筆論文を上げて振り返る。

## 第1節　ロシア革命のなかの「普遍的なもの」

### A　「特殊性を普遍的であると錯覚したむき」？

『坂の上の雲』などでファンも多く、歴史を深く捉えていた司馬遼太郎は、同書の「余談のつもり」（三九頁）として書いた『ロシアについて』で、ロシアの「特殊性を普遍的であると錯覚したむき」（三三頁）として、明示はしていないが、マルクス主義者、あるいはロシア革命をプラスに評価し好意を抱く傾向を埒外としている。司馬が「特殊性」として指摘している内実は、ロシアを「西欧のように複雑な社会」との対比において捉え、「ロシア革命は存外簡単だった」（三四頁）と喝破したところにある。この点については、私は改めて重要な認識だと教えられた。そのことは本稿の第3節で取り上げるが、最初に引いた一句について少し考えてみたい。

ロシア革命の「特殊性」というだけなら、冒頭で引いたカーはその引用の次の段落で「一九一七年の革命は世界的な意義をもってはいたが、それはまた特殊にロシア的な諸条件に根ざしたものでもあった」と明確にしていた。カーは一九〇五年の革命から一〇月の勝利にいたる過程を手際よく説明している。或る時までは「レーニンとトロツキーのロシア革命」と形容されていた(1)トロツキーは『ロシア革命史』の第一巻の最初を「帝政の転落」とし、その「一　ロシア的発展の特殊性(2)」と設定していた。

当時からこの特殊性に誰も気づかなかったというわけではない。発達した資本主義国においてその延長線上に社会主義が到来するという、マルクス主義の通説とのズレは当時から問題とされていた。トロツキーは『ロシア革命史』や一九二九年の『永続革命論』で「不均等発展(3)」として、「歴史的段階の飛躍」を説明した（問題は、この「飛躍」が加重する課題があまりに大きく、その重圧によって理想は押しつぶされ、「スターリン主義」を帰結してしまったことにあるが、それは別の論点である。「飛躍」可能と説明するだけでは、決定的に不十分だったのである）。マルクス主義の通説とのズレ、別言すれば「特殊性」は意識されていたが、戦争や孤立、後進性という困難な状況を突破したという側面をこそ強調して、革命の偉業を称える傾向が強かった。

つまり、「特殊性」の内実をいかなるものとして認識するかによって、思考の方向が変わってくる。司馬は「ロシア革命は存外簡単だった」と結論し、マルクス主義者は革命の偉業を称えた。

人間は自らの志向によって、それに合う事実のほうを好んで認識する、とも言える。認識と価値判断は重なっている（統一ではない）からである。対立する認識は、当初は、相互に激しく排斥しあうこともあるが、やがて充全な認識へと前進することが望ましい。

もう一つ、「普遍性」についても司馬の叙述は不十分である。司馬は、「特殊性を普遍的であると錯覚した」と書いているが、「普遍性」は特殊なもののなかにも伏在しているからこそ、普遍的なのである。「特殊性」そのものを「普遍的である」と誤認することはない。身の丈が低いことを「特殊性」とは言わないだろうが、仮に身長が短い人が称えられる場合があったとすれば、それは彼の為した行いゆえである。ロシア革命には「普遍的なもの」は存在しなかったのか。ロシア革命における「普遍的なもの」とは何だったのか。それこそが問われるべき課題だったのである。

## B　「社会主義」こそが「普遍的なもの」

一言でいえば、レーニンが主導したボリシェビキ党が掲げた「社会主義」こそが「普遍的なもの」だった。だから、カーの引用にもあるように、「資本主義体制に対する最初の公然たる挑戦」と広く意識された。その故にこそ、ロシア革命は世界史に大きな影響を与えたのである。この認識の有無こそが、私たちと司馬史観との決定的な相違である。司馬は、「平素の私は反ソ主義者ではないし、ましてやその逆でもない」（二五〇頁）と立場表明しているが、やはりこの「中立」

を装った立場からは、掴めなくなるものがあるということである。

問題は、この「社会主義」をいかなるものとして捉えるかにある。司馬に関連させて論じているので、司馬が「ソ連以後が社会主義であることはこどもでも知っていることだ」（一二三頁）と書いていることも紹介しておこう。

司馬の『ロシアについて』はモンゴルに多くの頁を割いていた。偶然、今年五月に居住地の近くの公園でモンゴル祭りが開かれ、その開会式に通りがかった。開会挨拶をしたモンゴルの青年が、「モンゴルは社会主義国でしたが、一九九二年に自由主義の国に変わりました」と話した。彼にとっては、「社会主義」の対句は「資本主義」ではなく、「自由主義」と意識されている。モンゴル大使館のホームページでは「資本主義化」と書いてあるが、この青年の発言はある範囲では常識なのかもしれない。

また、北朝鮮──正式国名は「朝鮮民主主義人民共和国」──の現実を横目に、「社会主義」を「独裁国」の代名詞として使う例もあるほどである。数年前にこんな場面があった。二〇〇八年四月に総合人間学会（共同代表の一人は小林直樹氏）の研究会で「社会主義の新たな構想」をテーマに報告する機会があったのだが、その時に、この学会の共同代表の一人が「社会主義と資本主義との違いは政治制度にある」(4)と発言した（この無知には呆れた）。この人は社会科学系の人ではなかったが、モンゴルの青年より遥かに高齢で学識もあるはずである。

つまり、何をもって「社会主義」と見なすのか、依然として明確な共通認識は成立していない。

日本共産党は「社会主義・共産主義」なる意味不明な新語を発している。

「社会主義」とは何か。この問いもまた、数多くの人たちが多数の著作で明らかにしようと努力している大問題である。小さな本稿で充全に答えることはできないが、普通には、資本主義の後に登場する新しい社会を指す（私は二〇〇五年に『社会主義はなぜ大切か』を著した）。

では、「資本主義」とは何か、これまた難問である。人間の社会は、経済・政治・文化の三つの次元あるいは位相から捉えることができる。この三つがどのように関連しているのかも難問で、マルクスが説いた唯物史観によれば、経済が土台で、政治・文化は上部構造とされ、窮極的には経済が他の二つを規定すると考えられてきた。私は二〇〇〇年末に、「『唯物史観』の根本的検討(5)」でこの唯物史観に代えて〈複合史観〉を提起したが、それは本稿の主題ではない。経済から見れば、資本制経済は、基本的には土地と生産手段の私的所有および労働力の商品化を基礎として、生産の動機・目的を利潤として、価値法則が貫徹されて、実現している。政治から見れば、軍事的独裁も許容されるが、主権在民を原則とする〈民主政〉――一般には「民主主義」とされているが、「主義」＝考え方ではなく、政治制度であることをはっきりさせるためには〈民主政〉が適切である――が基本となっている。文化は、各国の歴史が大きく作用するが「個人の自由」が強調される。

〈社会主義〉は、この「資本主義」を超克するものとして実現されるが、超克の核心は経済にこそある。その経済は、〈生産手段の社会化〉を基礎に、〈協議した計画〉によって実現する。社会を構成する万人に生存権が保障され、労働の動機は誇りとなり〈友愛労働〉が実現し、〈友愛を基軸とする社会関係〉を創り出す。政治では民主政の充全な実現となる。文化では人間を尊重する多様な文化が花開く。この社会を一国規模で実現することは出来ない。多くの国が協力し、国家の壁は低くなる。

抽象的な定義・詮索には飽きあきするだけだと反発する人には、抽象度を下げて、ロシア革命のなかの「普遍的なもの」を探り出そう。〈経済における計画性〉に着目しなくてはならない。今日でこそ、国家予算、国家統計、年次計画などは日常語となり、当たり前の常識となり、国家の経済政策が大問題とされているが、これらはみなロシア革命のおかげで資本制経済に導入されたのである。これまたカーが強調していたが、たびたびカーばかりでは見っともないから、ほとんど注視されていない一例を上げよう。別稿で取り上げた「社会主義経済計算論争」を勉強したさいに知ったのであるが、一九三一年にはアムステルダムで「世界計画経済会議」が米ソなど主要国二〇有余から著名な経済学者が参加して開催された。会議の名称に「計画経済」と明記された。二年前に資本主義国では大恐慌で混乱していた時期にである（本書、七三頁、一四二頁、参照）。

翻って考えれば、一九九七年に「『計画経済』の設定は誤り」で指摘したが、「岩田昌征氏が『比較社会主義経済論』の「あとがき」で紹介しているように、紀元前二〇六年に中国の前漢の『塩鉄論』で〝経済の計画〟について論議していた」のである。(6) マルクスが強調したように、目的を実現するという意識性こそが労働の不可欠の特徴であり、〈経済における計画性〉はどんな時代にも貫かれていた。問題はそれがどの程度に意識化され、重要度を高めたかにある。資本制経済は、ロシア革命が意識的に実現しようとした〈経済における計画性〉別言すれば「計画経済」を、生産手段の私的所有を保持したまま素早く取り入れることが出来たのである。

これまで私は、「資本制経済は無政府的である」と強調する、マルクス主義の通説に影響されて、資本制経済が「計画経済」を素早く取り入れたことの意味を深く捉え返すことがなかったが、改めて考えると、このいわば柔軟性こそが資本制経済の強さなのであった。同時に、資本制経済は「計画経済」を取り入れながら、しかし、「計画経済」として認識されることは極力さける。だから、「日本は社会主義だ」などという「規制緩和論者」の暴論も時に発せられるが、マスコミなどの主調音にはならない。そんなことをしたのでは、ソ連邦などを褒めることに繋がるからである。その一例を思い出そう。

二〇一一年の3・11東日本原発震災の直後に東京電力が「計画停電」を実施した。この時、右派の「読売新聞」と「産経新聞」は、一面トップ見出しを「輪番停電」なる珍しい言葉で打ち出した。「赤旗」も「輪番停電」と書いた（翌日からは「計画停電」に変更）。私は、直後に発表した「地球からの警鐘」で、「なぜ『輪番停電』と言うのか。『計画経済』へと連想が拡がることに本能的恐怖を感じているからに違いない」(7)と指摘した。

なお、「計画経済」の用語については、これよりも〈協議経済〉が適切であるが、それは一九九八年に別稿「〈協議経済〉の構想」(8)で明らかにしたので、ここでは記述しない。

## C　解明されるべき問題群

次に、ロシア革命をめぐって解明されなくてはいけない問題・論点が数多くあることを確認するために、その項目を列記だけする。大風呂敷を広げたからといって浅学な私が理解していることは少なく、本稿ではその内のごくいくつかの問題についてしか論じることはできない。

・ロシア革命の勝利による国際政治への影響
　ブレスト・リトフスク講和条約から米ソ対決・冷戦へ
・革命に勝利した国家の外交政策
・植民地諸国への影響　民族独立運動を鼓舞
・ロシアの歴史・宗教との関係
・多民族国家の課題
・世界の社会主義運動への影響　コミンテルンの動向
・日本の社会主義運動への影響
・日本の政治への影響（一九五六年の「日ソ共同宣言」、崩壊後の自民党の「解体」と再編）
・革命後に直面した課題
　経済学と法学における探究
・革命運動における前衛党の役割と位置

・マルクス主義の有効性・限界・欠落
・アバンギャルド芸術の勃興、社会主義と文化（文学）
・ソ連邦とは何であり、スターリン主義とは何だったのか？（本書、次章、参照）
・未来社会に残した教訓

ロシア革命とソ連邦の歴史について取り上げることは、これらのどれ一つとして簡単には論じ尽くすことができない大きな問題を解明することを意味している。とても一人で為しうることではない。集団的・組織的研究こそが望まれる。ロシアでの経験を「社会主義とは無縁」などとして切り捨てることはけっして出来ないのである。

## 第2節　ソ連邦の崩壊とマルクス主義の責任

ソ連邦の崩壊はマルクス主義の責任を明確にすることを求めている。なぜなら、マルクス主義者は、ロシア革命の勝利を支えた理論的支柱がマルクス主義だと説明し、この勝利はマルクス主義の正しさの歴史的例証だと誇りにしてきたからである。そうであるならば、ソ連邦の崩壊についてその責任を負うべきである。調子のよい時には、自らの成果だと威張り、調子が悪くなると無関係だと装うのは真ともではない。「俺のマルクス主義は、ソ連邦のそれとは違う」などという言い訳は通用しない。あるいは、マルクスとマルクス主義とは異なるだとか、マルクスは自身を「マルクス主義者」とは呼ばなかった(後述)、などという弁明でマルクスだけをあたかも無謬であるかに信奉する傾向もゼロではないが、「マルクス趣味の会」に付き合う必要はほとんどない。

今なおマルクスに心酔して、マルクスが書き残した膨大な文章のなかに、今日でも活かせる片言隻句を見つけて、マルクスの素晴らしさを見出す研究者もいないわけではないが、そういう人は、マルクスの弱点には触らず、ロシア革命は視野の外である。だが、『マルクス・エンゲルス全集』が現在の形で翻訳・出版されたのはロシア革命の勝利のゆえなのである。ロシア革命の勝利なくして、マルクスやエンゲルスの手紙や手稿までが保存され、活字になることはあり得なかったであろう。今日では、マルクスの弱点やマルクス主義の責任に触れることなく、マルクスの言説を好みに応じて取り出して宣伝することは無責任と言うほかないのである。

本節では、マルクスの功績、マルクスの弱点、マルクス主義の責任、の順に明らかにする。ここでも方法論上の注意を確認しておこう。私が敬愛する哲学者・梅本克己は、「否定面の理解をともなわぬ肯定が弱いものであるように、肯定面の理解をともなわぬ否定は弱い[9]」と注意していた。肯否の一面だけを強調することは道を迷わせる。

## A　マルクスの功績

「一九九九年、イギリスのＢＢＣ放送は『過去千年間で、もっとも偉大な思想家は誰だと思うか』

というアンケート調査をおこない」、「マルクスが圧倒的な第一位でした」——私もこの事実に着目したが、ここでは不破哲三氏から借りよう。『マルクスは生きている』の冒頭でこう確認している（九頁）。このようにマルクスは依然として高い評価を崩していない。だから、散発的ではあれ、今でも時には「マルクス」をタイトルに入れた著作が刊行されることがある。マルクスの何が評価されているのか。古くなるが、オーソドックスに確認しよう。

マルクスの盟友エンゲルスは、マルクス没三年前の一八八〇年に刊行した『空想から科学への社会主義の発展』で、次のように書いた。

「二つの偉大な発見、すなわち唯物史観と剰余価値による資本主義的生産の秘密の暴露とは、われわれがマルクスに負うところのものである。これらの発見によって、社会主義は一つの科学になった」（八四頁）。

この『空想から科学へ』は、読みやすい冊子でもあり、マルクスの『賃労働と資本』、レーニンの『国家と革命』などとともに、左翼の活動家がまず学ぶ基本文献であった。

先の引用のすぐ次には、「唯物史観」の説明が書いてある。

「唯物史観は、次の命題から出発する。すなわち、生産、それについで生産物の交換が、いっさいの社会秩序の基礎である。……この歴史観によれば、一切の社会的変動と政治的変革との窮極の原因は、……生産と交換との様式の変動のなかに、求めるべきである」。

そして、エンゲルスは、「生産力と生産様式とのあいだの衝突」に着目し、「社会主義はこの衝突の思想的反射」（八六頁）だと説明している。

マルクス自身は、一八五九年に『経済学批判序言』で、「生産諸力と生産諸関係との矛盾」とか「人間の社会的存在が彼らの意識を規定する」[10]と書いた。この説明は「唯物史観の定式」として流布された。

レーニンは一九一三年に短文「マルクス主義の三つの源泉と三つの構成部分」を書いた。レーニンは、「マルクスの学説は、正しいので全能である」とした上で、「それは、ドイツ哲学、イギリス経済学、フランス社会主義……の継承者である」（三頁）と書き、「マルクス主義の三つの構成部分」を「史的唯物論」「経済理論」「階級闘争の学説」とした（四〜八頁）。そして、長いあいだ、この認識はマルクス主義の通説とされてきた。

エンゲルスがまず上げた「唯物史観」については、存命中には「反動学者」とすら言われていた、法学者・尾高朝雄は、敗戦直後の一九四七年に著した名著『法の窮極に在るもの』で「唯物史観は、……社会組織の『上部構造』と……『下部構造』との緊密な『相互作用』を認めている点では、おそらく何人も異存のない真理をとらえたものといってよい。……社会の動態観の上に革新的な転換をもたらしたものといわなければならない」[11]とまで評価していた。

もう一つの「資本主義的生産の秘密の暴露」とは、言うまでもなく、マルクス終生の主著『資本論』での解明を指す。賃労働と資本、価値法則、がキーワードである。宇野弘蔵によれば、『資本論』の核心は「労働力の商品化」である。[12]『資本論』についてはマルクス経済学者などによる膨大な研究が積み重ねられ、論点も多岐にわたるが、『資本論』での原理的解明は、今日でも有効な基本的認識＝理論と言える。資本制経済のこの核心を解明したがゆえに、本項冒頭で紹介したように、マルクスは今日なお「圧倒的な第一位」を保持しているのである。

哲学においては、マルクスが一八四四年に書いた「疎外された労働」論（『経済学哲学草稿』）が重要視されている。「疎外された労働」論は、日本のマルクス主義の正統派からは敬遠されていた。だから、この論文は『マルクス・エンゲルス選集』の本巻（全八巻）ではなく「補巻4」に収録されていた。だが、一九六〇年代以降、日本でも世界でも初期マルクス研究の基本文献とされるようになった。私事ではあるが、私は高校時代に六〇年安保闘争の後で、長岡市の本屋で淡野安太郎の『初期のマルクス』（勁草書房）を立ち読みして、そこに抜粋されていたこの論文を知り、それが私の左翼人生の出発点となった。

### B　マルクスの弱点

次にマルクスの弱点を明らかにしよう。集中的に露わとなっているのは、『共産党宣言』のいくつかの命題である。言うまでもなく、『共産党宣言』は一八四八年二月に、国際的労働者組織「共産主義者同盟」の綱領として発表された。エンゲルスの協力を得てマルクスが執筆したとされている。学術的論文ではないが、各国で繰り返し翻訳され、世界の社会主義運動のいわばバイブルとして広範に読まれた。『共産党宣言』には次のような認識が示されている。

「これまでのすべての社会の歴史は階級闘争の歴史である」（後に「文書で伝えられている歴史」と補注が付けられた。三四頁）。

「近代国家権力なるものは、全ブルジョア階級の共同事務を管理する委員会にすぎない」（三六頁）。

「法律、道徳、宗教は、プロレタリアにとってはことごとくブルジョア的偏見であり、その背後には必ずそれだけのブルジョア的利益がかくされている」（四八頁）。

『共産党宣言』は各国で翻訳・刊行され、短い「序文」が付けられることも再三であった。マルクス存命中にも、一八七二年と八二年にドイツ版とロシア版に付けられていて、前者では「ところどころ改めなければならぬところがある」、「パリ・コミューンの実践的経験にてらしてみれば……ところどころ古くさくなっている」（五〜六頁）と断っている。つまり、重大な訂正が必要だと考えたら、そのことを記す機会はあった。ということは、前記の諸点については、マルクスは訂正の必要を感じていなかったということである。

これらの認識は、基本的に正しいものとして踏襲され、レーニンによってさらに強調された。レーニンは『国家と革命』の第一章第一節のタイトルを「階級対立の非和解性の産物としての国家」とし、「階級闘争の承認をプロレタリアートの独裁の承認に拡張する人だけが、マルクス主義者である」(13)とまで強調した。「階級国家」論である。

これが日本左翼の常識となっていた。例えば、不破氏は、一九六三年に実兄の上田耕一郎との共著『マルクス主義と現代イデオロギー』で、「『国家は階級支配の機関である』というマルクスやレーニンの国家の本質的規定」（下、一九六頁）とか、「ブルジョア民主主義は、ブルジョア独裁の一つの統治形態であり、ブルジョア独裁は、ブルジョア民主主義国家の階級的本質である」（傍点：原文。下、二〇四頁）と書いていた。

また、いわゆる正統派とは少しだけズレたものとして、一九九八年に青木書店から『マルクス・カテゴリー事典』（五九九頁）が刊行された。そこには一三九項目の「基本概念」が収録されているが、政治に関連する項目は少ない。「階級」は渡辺雅男氏、「革命」は星野智氏、「国家」は田口富久治氏、「政党」は加藤哲郎氏が説明している。そのいずれも大きくはマルクス肯定の論調となっている。鋭角的なマルクス批判はどこにもない。せいぜい次のような腰の引けた書き方となっている。田口氏は、冒頭で〔テキスト〕として、『共産党宣言』からすでに引用済みの「近代の国家権力は、ブルジョア階級全体の共同事務を処理する委員会にすぎない」を掲げ、結論として「マルクスの国家理論は全体として未完成のまま残された」と書き、加藤氏は、結論として「マルクスの政党論から学びうるものは多くはない」と書いている。

ついでながら、この事典は宣伝文で「7年を費やして、わが国のマルクス研究の豊富な蓄積と最先端の到達を集成」と誇っているが、そこには、人権、生存権、分配、労働者管理、環境、生殖、平和、多様性、可謬性は欠落している。これらの欠落には、或る思考傾向が示されている。一九六六年刊行の『資本論辞典』も同様である。私は、生殖については論じたことはないが、他の問題については一応は目配りして強調してきた。

また、小さな研究会ではあったが、二〇〇八年七月に総合人間学会の談話会で、法学者の杉原泰雄氏が「憲法と資本主義」をテーマに報告し、私が「法律はブルジョアジーの偏見だ」認識について質問したら、杉原氏は「マルクスやエンゲルスの法律についての認識は希薄だった」[14]と答えた。

なお、不破氏は、こっそりと「階級闘争」を放棄しつつあるようでもある。近作『マルクスと友達になろう』では「政治を動かす支配階級」などと、「階級」を強調していながら、なぜか「階級闘争」とは言わない。[15]不破理論への批判は別著『不破哲三と日本共産党』で明らかにしたので、本稿では省略する。

これらの教条が孫悟空の頭に嵌められた環のように作用して、マルクス主義者は近代の民主政の核心を認識できずに反発し見失ったのである。

否定面を暴くだけでなく、肯定的に問題を立て直そう。近代の〈民主政〉をどのように理解することが正しいのか？　これまた膨大な研究が蓄積されているが、本稿ではオーストリアの法学者グスタフ・ラートブルフに学ぼう。ラートブルフは、一九二一～二三年にワイマール共和国の司法大臣にもなった。ラートブルフは一九二九年に「ブルジョアジーは自由を法の形式で要求したために、この自由は万人のための自由となった」[16]と明らかにした。小林直樹氏が『憲法の構成原理』でラートブルフを引いて明確に強調しているように、ここにこそ、近代デモクラシー（民主政）の核心がある。小林氏は「国民主権は、少なくも建前の上では、万人に法の下での平等と自由を解放し、参政の権利を与えたために、ひとつの階級による・憲法の永続的な独占を不可能にしてしまった[17]」と明らかにした。ついでながら、一九三〇年前後にオーストリアに留学した尾高朝雄もラートブルフに学び、小林氏は尾高の高弟である。こうして真理は連綿と受け継がれるのである。

つまり、今日では、「階級国家」論は完全に無効となったのである。ただし、「階級国家」論は、近代以前の社会については有効である。

さらに明確にしなくてはならないことがある。A項で、私たちは、マルクスの経済学については高く評価したが、近年はそこにも大きな限界・欠落があったことが指摘・批判されるようになった。武田信照氏は、『マルクス・カテゴリー事典』で、「J・S・ミル」を担当し、結論で〔ミルの『経済学原理』第三版の〕「『将来』章の度外視こそ、マルクスによるミル経済学の基本的性格づけに歪みを与える要因となっているというべきであろう」と結んでいたが、この二月に執筆した「マルクスのミル批判再審」でさらに鋭く批判している。

その要点は、①ミルは『経済学原理』第三版で、第二版にはない叙述を加えたのに、マルクスは第二版までを批判対象にして、ミルの新しい認識を無視したことを明らかにした点（七九頁）、②ミルは、第二版でも経済の「停止状態」について論じていたが、マルクスは「この章に一言も触れていない」（八八頁）こと、この二点である。そのために、前者ではミルの「労働者間のアソシエーション」の意味を見落とすことになり、後者では「成長の限界」に無関心となってしまった。本稿の脈絡でいえば、武田氏が以前から強調しているように、一九七二年のローマ・クラブの「人類の危機」で鋭く警告された「成長の限界」認識の対極に、マルクスの理論は形成されていたのである。(18)環境汚染などで地球の存続そのものが問われている今日、「生産諸力と生産諸関係との矛盾」というドグマを基礎に生産力の無限の発展を望ましいとするマルクスの立論は、根本的に批判・克服しなくてはならない。なお、前記の「ソ連邦＝国家資本主義」論者は、この生産力主義に陥っている。

言うまでもなく、これほどの深度ではないが、私は、一九八〇年に第四インターに在籍していた時、「ソ連邦論の理論的前提と課題」と題する小論で、「〈自然と人間〉のあり方」と節を立てて、「われわれはよく『豊かな社会』などと言うが一体、豊かとは何か」と問い、次のように提起した。

「マルクスは『ドイツ・イデオロギー』で生産の四つの契機の一つに〈欲望〉をあげていた。となると、人間の『豊かさ』の充足は絶対にありえないことにはならないのか。生産の増大にともなって欲望もまた増大するからである。この点からも、核心的問題は生産の量ではなく、質であるという視点を、われわれは改めて理解しなければならないのではないだろうか(19)」。活動家の直感にすぎなかったが、これは武田氏が抉り出している、マルクスの根本的限界への批判につながるものであった。

もう一つ、マルクスの理論には大きな弱点がある。〈自然〉と〈農業〉についての理解が歪んでいた。マルクスは〈自然〉を真正面から捉えていない。『資本論』で「労働過程」を論じた際に触れている程度である。また〈農業〉についても軽視していた。生産力の発展に重点を置く結果ゆえである。前記の『資本論辞典』には「自然」や「農業」の項目はない。このマルクスの弱点については、二〇〇二年末に「〈自然〉〈農業〉と〈社会主義〉」[20]で明らかにした。この時には、「唯物史観なのに自然を軽視している」と思っていたが、そうではなく、「唯物史観ゆえに自然を軽視している」と考えたほうがよいと気づいた。マルクスは「自然」ではなくて、「物」を重視していたのである。だから「唯物史観」なのである。

最後に、マルクスの思考・理論の特徴についても簡単に触れておこう。『資本論』「序言」の結びの次の一句は有名である。

「なんじの道を進め、人びとをして語るにまかせよ！」[21]

このマルクスの姿勢は正しいであろうか。左翼の活動家は、この警句を決意をもって革命運動に挺身する者の矜持でもあるかに受け取って、「俺はがんばるぞ！」と励みにしたが、それで良かったのか。人びとからの理解こそが必要なのであり、独りよがりの高慢な上から目線ではとても共感を生み出すことはできない。ダンテの『神曲』「煉獄篇」[22]から言い換えたものと訳注が付けられているので、そこを一読したが、類似の言葉はない。ダンテの文意からは「なんじの道を進め、いかに苦難に満ちていても」とは理解できる。これなら悪くはない。

また、マルクスはＪ・Ｓ・ミルが明確にしていた〈可謬性〉や〈多様性〉をはっきり認めることはしない。自分の主張・理論は正しいことを強調し、そこに同化することを求める傾向が強い。「知識についてのあらゆる主張は、原理的には誤りうる」というプラグマティズムに同調することはないが、自己絶対化に陥らないためには、人間は誤ることがあることをしっかりと理解しなくてはならない。〈可謬性〉を明確にしないことは、〈多様性〉を認めないことに通じる。だが、地域や文化の次元では〈多様性〉を認めることは、相互理解のために不可欠である。〈多様性〉については、私は、二〇〇二年に「多様性と自由・平等」で、「マルクス主義は〈多様性〉を軽視」と節（第2節）を立てて明らかにし、「アイデンティティの拡散と合意形成の困難性」（第5節）に注意を喚起した。[23]

このマルクスの思考傾向は、『ゴータ綱領批判』で一筆した「諸個人の全面発達」[24]に通底する。全ての人間が「全面発達」したら、論理的には一切の個性は消失する。それでは「多様性」を認めなくなるのは当然である。

だが、私たちとは逆に「全面的に発達した人間」なるものを全面的に賞賛する人もいる。その典型が不破氏である。不破氏は『マルクスは生きている』で「人間の本史」について「人間の全面的発達の問題」が重要だと説明し（一六三頁）、『古典への招待』上巻では、「マルクスは『資本論』で構成員が『全面的に発達した人間』となるだろうことを、くりかえし力説しました」[25]と強調している。しかし、『資本論』のどこでかは示していない。『資本論』では、イギリスの工場立法の説明で「全面的に発達した人間」と書いているが、人間論をテーマにしたわけではない。誤解が生じないように断っておくが、マルクスが『資本論』で強調している「労働時間の短縮[26]」はぜひとも実現しなくてはならない要点である。「労働時間の短縮」は多様性開花の前提である。

ところで、「全面発達」という言葉は使っていないが、トロツキーは『文学と革命』で、未来社会の人間について「平均的な人間のタイプは、アリストテレスやゲーテやマルクスのような水準に高まるだろう[27]」と夢想していた。トロツキーがマルクスの『ドイツ・イデオロギー』を読んだとは思えないが、マルクスは周知のように、「朝には狩りをし、午後には釣りを……[28]」と書いていた。一読、夢をかきたてるとも言えるが、このような夢想ときっぱりと手を切らなくてはならない。

本稿で簡略に明らかにしたマルクスの限界・弱点は、決して小さな論点ではない。今なお『マルクスと友達になろう』などと青年に呼びかけている不破氏を初め、マルクス「愛好家」に、ぜひとも検討してほしいと切望する。

### C　マルクス主義の責任

マルクス死後の「マルクス主義」にマルクスがどの程度の責任を負わなくてはいけないのか、天国のマルクスにとっては迷惑な話かもしれない。マルクス自身は、エンゲルスによれば、「私は決してマルクス主義者ではない[29]」と語ったとまで言われているからである。一九六〇年代末から「ネオ・マルクス主義」なるものまで現れるくらいで、「マルクス主義」と言っても沢山の流派が存在し、「われこそがマルクスを正しく理解している」と主張し互いにけなし合ってもいる。だから、何をマルクスの核心とするかも分岐しているが、いずれにしてもマルクスの何かの文言・章句に依拠し援用しているのは確かであり、マルクスがきっぱりと誤っているとか、自分の見解ではないと明確に表明した内容を「マルクスのもの」と強弁する人はいない。その意味では、多かれ少なかれ、マルクスは責任を分有している。その責任を逃れて、「大思想家」としての褒美だけを受け取るわけにはいかないはずである。

勝利した一〇月革命後に、ボリシェビキ党は、まず第一次世界大戦のなかで、ドイツとの和平をどうするかで難問に直面し、次に経済建設においていかなる経済政策を採用すべきかでデッドロックにぶつかった。また、社会の秩序をいかにして維持するのか、別言すればいかなる統治政策や法制度を展開すべきなのかも難題であった。それらの重畳する問題について論究する余裕はないが、結論をいえば、いずれの問題についてもボリシェビキは、ということはマルクス主義は解答を用意していなかった。経済では、革命後三年余は「戦時共産主義」なる形容矛盾の時期を経なくてはならなかった。「収奪者の収奪」なる、『資本論』で与えられたスローガンに頼っているだけでは迷路に落ち込むほかなかった（森岡真史氏が先駆的に解明した[30]）。政治・法制度においては、「人権」を定位することができず、やがてスターリンによる粛清へと帰結した。この二つの大きな問題については、私は一九九九年に、「ソ連邦経済の特徴と本質」（『協議型社会主義の模索』所収）と、「〈社会主義と法〉をめぐるソ連邦の経験」（本書所収）で基本的な論点を明らかにした。

マルクス主義では「資本主義の打倒」までは叫んでいても、打倒した後どうするのか、そこに重大で肝心な課題があることすら意識していなかった。レーニンは一九二四年一月に没したので、革命勝利後六年三カ月しか活動できなかったが、その苦闘は、この欠落を埋める努力であった。そして、ロシア革命から半世紀近く後でも、「日本帝国主義打倒」と叫ぶだけの新左翼はそこに止まっていた。

ロシアにおいて、このマルクス主義の欠落に気づいた法学者や経済学者が存在していた。

藤田勇氏が一九六八年に『ソビエト法理論史研究』で明らかにしているように、「一〇月革命後におけるマルクス主義法理論建設の代表的な担い手であったストゥーチカは、革命の起点におけるマルクス主義法理論の状況にふれて」、「マルクス主義は、新しい法哲学、新しい法の理解を描かなかった」[31]と確認した。藤田氏は、ラズモフスキーやレイスネルやパシュカーニスの言葉も紹介している（一九九九年に発表した「〈社会主義と法〉をめぐるソ連邦の経験」本書に所収、参照）。

また、ドイッチャーによって「最も独創的なボリシェビキ経済学者」（「訳者あとがき」四四六頁）と評されたプレオブラジェンスキーは、一九二六年に著した『新しい経済』で「マルクス、エンゲルスは……ソビエト経済の発展によって提起される夥しい諸問題については何も述べていない」（三五頁）と書いた。この認識はきわめて優れている。そこには、ロシア革命が直面した経済建設上の難問を、自分たちで検討・解決しようとする創造的努力の決意がにじみ出ている。だが、私の読書量など大したものではないが、このプレオブラジェンスキーの文章を引用した著作を読んだことはない（私は一九九八年に「〈協議経済〉の構想」で引用した）。

なぜ、プレオブラジェンスキーの認識は共通認識にならなかったのであろうか。たしかに『新しい経済』は禁書となり、プレオブラジェンスキーは一九三七年にスターリンの粛清によって銃殺刑となった。また、トロツキー選集を刊行した現代思潮社は新左翼系出版社に分類され、そこから刊行された訳本は、『新しい経済』に限らず、共産党など「正統派」の世界では敬遠されていた。こうした事情のゆえに、プレオブラジェンスキーは黙殺されてしまった。だが、そこにはこの事情だけでは説明できないもう一つの大きな力が作用していたのではないだろうか。プレオブラジェンスキーの指摘がマルクスへの批判だったことである。マルクスへの批判を忌避する雰囲気と傾向が根強く存在していたからである。

一般的に或る体系をなす理論やその理論家に、普通の人はどういう態度を取ることが多いだろうか。さまざまな問題について、自分が深く信じる人（教祖）、本稿の場合でいえばマルクスやレーニンなら「解答」を示していたに違いないとか、誤りはどこにもないと思ったり、期待する傾向が少なからず存在する。だから、マルクスなどの誤り・限界・欠落を指摘することは、いわば不敬罪を犯すもののように思われている。何が、ではなく、誰がに重点を置く「属人思考」が根強いからである。もちろん、日常生活では、未熟な子どもの発言よりも老練な経験者の教えのほうを重視する。すべての意見を対等に検討する時間的余裕はないからである。だが、未解決の難問に直面した場合には、誰の意見であれ、虚心に耳を傾けたほうが良い。何かの教条や著作を聖典化し、妄信することは失敗の原因となる。拙著『文化象徴天皇への変革』で触れたように、「仏教学者の植木雅俊氏は、誰が説いているかではなく、何を説いているかが大切だと注意し」(一二頁)た[32](本書、六七頁、参照)。

したがって、マルクス主義の責任を真正面から問う必要がある。とはいえ、マルクス主義が理論的にカバーしている領域は広く、全面的に取り上げることは出来ない(唯物史観については、前記の「『唯物史観』の根本的検討」を発表した)ので、ここでは、マルクス主義の思考形態に焦点を当てて探ろう。

プレオブラジェンスキーを忌避したのと同じような傾向は、共産党の歩みの中にも数多く見つけることができる。その歩みを少し振り返ると、党中央の意見とは異なる意見やその主張者を「異端」として排斥する傾向が強い。共産党は、今ではほとんど使わなくなったが、ひと昔前には新左翼党派を「ニセ左翼暴力集団」と非難していた。あるいは「トロ」と悪罵した。マグロではなく、トロツキストという蔑称の略語である。そして自分たちを「正統派」と自負・誇称していた。最近、志位和夫委員長は他の人を「リスペクト」(尊重)しなくてはいけないと言い出し、四月の五中総(第五回中央委員会総会)の「結語」では「これまでは『独善の党』という見方もありました」と反省している。すぐに「こうした誤解や偏見」とも言葉をつないでいるが、「独善の党」だったと半ば認めたとも言える。だが、他方では、常任幹部会委員まで務めた人の著作の広告すら「赤旗」で掲載拒否している例がある(かもがわ出版刊行の聴濤弘氏の著作)。この独善的作風の克服は困難で時間がかかるということであろう。

さらに、マルクス主義を好み、あるいは信じる人の多くの思考形態を問題にする必要がある。彼らは次のようないくつかの難点を抱え込むことが多い。

第一の難点は独善的傾向が強いことである。自分たちだけが正しく、他者は誤っているという独断がしばしばだった。この傾向を支え、助長したのが「マルクスの学説は、正しいので全能である」と書いたことは前に引用した。レーニンが「唯一前衛党」論であった。共産党は一九八四年に「科学的社会主義の原則と一国一前衛党論――『併党』論を批判する」という「赤旗」無署名論文を発表した（今は廃れたが、無署名論文は個人署名論文よりも格上とされていた）。一六年後、二〇〇〇年の第二二回党大会の規約改定で、「前衛党」を放棄し、死語となっているが、不徹底きわまりないことに、中央委員会理論政治誌の誌名は依然として『前衛』を保持している。私は、同年（八四年）に直ちに「『一国一前衛党』論の誤り」[33]を発表して、〈複数前衛党〉論を提起した。この傾向は、共産党に限らず、新左翼諸党派もほぼ同様である。私が五年間在籍した第四インターは、内ゲバを原則的に拒絶していたし、この傾向が弱かった。

この独善性の根源には、前項で明らかにした、「なんじの道を進め」というマルクスの理論的態度がある。

第二の難点は、「無であるが故に、一切を要求する」とか「危機は好機だ」などといういわゆる「弁証法的思考」なる独善である。マルクスは『共産党宣言』の結びの一句「万国のプロレタリア、団結せよ」の直前で「プロレタリアは、この革命において鉄鎖以外に失うものは何もない。彼らは、かちとるべき全世界をもっている」と書いた。なぜ、このように勝手に反転するのか、その根拠は不明である。高額の宝くじには当たったほうが楽しいだろうし、「一発逆転」は小気味よいだろうが、プロ野球ではなく、社会変革の場合には、そういうことは滅多にないし、そんなことを願望すべきではない。だが、左翼世界では、「指導部」なるものは質問されて説明に窮すると「弁証法的に考えろ」と恫喝することがままある。

「一発逆転」とは逆ともいえるが、「歴史の必然性」というのも左翼が陥った独断である。この問題については、私は一九九七年に、「ロシア革命と『歴史の必然性』の罠」でその誤りを批判した。保住敏彦氏から引用して明確にしたように、正統派からは改良主義者と排斥されたベルンシュタインは「社会主義への移行の必然性を主張するのではなく、社会主義が倫理的に望ましいという理由から、社会主義を主張したのである」[34]。また、昭和天皇の教育係りも務めた小泉信三は一九四九年に『共産主義批判の常識』で、「必然性」ではなく、「社会主義の到来はある蓋然性をもつ」[35]と明らかにしていた。なお、『マルクス・カテゴリー事典』には「歴史の必然性」も項目にない。

第三の難点は、思考形態というよりは、人間観にかかわる問題である。「階級国家」論に立つから、「階級的憎悪」を強調することになる。左翼の中では、資本家への憎悪を煽ることが習わしになっていた。つい最近、哲学者の梅原猛氏は、「E・H・カーは、マルクスは人間への深い憎悪を持ったユダヤ人であり……と論じた」[36]と書いた。新聞のエッセーなので、典拠が示されていないし、そこまで断定できるかどうかは確言できないが、マルクスが資本家への憎悪を煽っていることは確かである。マルクスに反対する右翼がマルクスを非難する論点の一つは、資本家への憎悪である。

左翼は、デモや集会の終わりに「憎しみのるつぼ」だとか、「怒り燃やせ」と唱和することが多かった。歌声喫茶も昔の思い出になり、労働歌を高唱する場もなくなったが、このような歌を忘れるだけでなく、その根底にあった価値観・道徳を根底から反省する必要がある。「昔はよかった」とか、「あの頃はあれで良かった」のではない。過酷な時代にも、〈友愛〉を貫こうとした人たちも存在していたのである。

マルクスの同時代人、ドイツの哲学者フィヒテはフランス革命の衝撃のなかで、匿名で一七九三年に、国王など特権階級の廃止を主張すると同時に、革命勝利後に打倒した特権階級に労働する能力を身に付けさせるために一定期間の生活保障を施すことを提起した[37]！　国王などをギロチンに掛けるのではなく生活保障する。革命は復讐ではなく、新しい制度の創造でなければならないことを、フィヒテはこれほどまでにはっきりと明らかにしたのである。私は二〇〇〇年に、このフィヒテを知って、直ちに「オーストリア社会主義理論の意義」を執筆して、フィヒテを引いて「革命の漸進性[38]」を明確にし、翌年に「則法革命こそ活路」で「暴力革命」論を根底的に超克した〈則法革命〉を提起した（『連帯社会主義への政治理論』に収録）。

人間への憎悪ではなく、〈友愛〉を基礎にしてこそ、資本主義を克服する社会を創造することができるのである。

私はここに析出したいくつかのマルクス主義の難点は徹底して克服・払拭しなくてはならないと強く考える。

## 第3節 〈資本主義克服社会〉として明示すべき

既出の理論などに欠陥を見つけたり、誤りを指摘することは、簡単ではない場合もあるし、意味がないとはいえないが、本当に必要なのは、現実が生起させている難問に解答を示すことである。マルクスなどの個人をいかに評価するかよりも、例えば地球温暖化問題をいかにして解決するかのほうが重大なのである。前節でマルクスやマルクス主義の限界を抉り出してきた私たちは、次にその新しい認識に立脚して、それらの限界・誤謬を超える現実的解答を探り出さなくてはならない。主題を〈社会主義〉と設定している本稿では、資本主義を超克する方途について考えることになる。

### A 「改良か、革命か」ではなく、統一的な理解を

未来を遠望することと、足下をしっかり踏み固めることと、この二つの傾向・志向は、「理想と現実」として二極対立させて問題になることが多く、二つとも保持して、バランスよく貫くこ

とは至難の業である。

だからこそ、社会の変革のためには〈組織〉が不可欠に必要なのである。未来を夢想することに熱心な人もいるし、足下の現実的諸問題の解決に没頭する人もいる。抽象的思考が得意な人もいれば、面倒な人間関係を上手く処理できる人もいる。いずれが上位で優れているかと問うのは愚かなことだと理解しなくてはならない。人間は頭脳と手足と心臓を具備しているが、誰も頭脳と手足と心臓とどれが大切かと問うことはない。しかも有限な個人には特性や好き嫌いがある。それぞれに真剣な努力を尽くすことが大切なのであり、その両者が反発するのではなく、協力することこそが求められている。限定された条件の下では、二者択一が迫られる場合が生じないとはいえない。しかし、その場合でもその選択は望ましいものではなく、強いられた次善の策であるという自覚・意識があるとないでは、その後の展開は大きく違ってくる。強いられた選択を、時空を超えて「正しい選択」と強弁するところから、地獄への道に陥ることになる。

「理想と現実」の問題は、左翼あるいはマルクス主義陣営のなかでは、「改良か、革命か」として長く論争が続いていた。杉原四郎は一九六三年に「改良と革命の思想――ミルとマルクスの協同組合論を中心として」[39]を『思想』に発表していた（ミルとマルクスの関係については、マルクス寄りの評価が示されている）。飯田鼎は一九六六年に『マルクス主義における革命と改良』で、一九世紀の第一インターナショナルの時代の経験を対象にして、この問題を解明していた。飯田は、第一次世界大戦と民族植民地問題を例にして、「マルクスとエンゲルスは……革命的視点と改良的視点との統一的な理解」を示したと結論している（一一頁。傍点：原文）。

第一インターナショナルの時代の経験を振り返える余裕はないし、飯田が立脚している「帝国主義段階におけるマルクス主義の革命の理論は、レーニンによって再構成され、スターリンによって発展せしめられた」（一七頁）という昔ながらの立場については、そういう通説が広がっていた時代があったと懐かしく思うほかない。

飯田は「革命的視点と改良的視点との統一的な理解」と書いているのだが、注意すると、この一句はマルクスからの引用ではなく、飯田の筆である。このようなキーになる一句については、誰かからの引用なら必ず引用だと明記する。引用できなかったということは、マルクスにはそれと類似の文章がないのであろう。また、マルクスやエンゲルスがどの程度この「理解」に達していたのかについては疑問がある。第一インターでのマルクスの実践は温和ではなかったし、前記のように、協同組合に関するミルへの反発の例にも明らかなように、マルクスがこの「統一的な理解」を十分に備えていたとは言えない。

しかし、それはともかく、飯田が望ましいと考えているこの「統一的な理解」は正しく、かつ必要であり、いつの場合でもそうあらねばならない原則である、と確認することが大切である。「壊憲か、活憲か」なら両立・統一することはできないが、改良と革命は「統一的な理解」が可能である。

だが、多くの経験が示すように、左翼は「改良か、革命か」と対立的に問題を立て、改良に重点を置く者を「改良主義者」とレッテル貼りして、蔑んできた。

一九六〇年を前後してイタリア共産党に繋がって「構造改革」が唱えられたことがあった（「構造改革派」が衰退して四〇年も後に、自民党の小泉純一郎首相がこの言葉を「盗用」した）。その「構造改革派」を略称する時、本人たちは「構革派」と名乗っていたのに、共産党や新左翼党派の中では「構改派」と言っていた。前者だと「革命」に繋がり、後者だと「改良」となる。つまり、「改良」はともに唾棄されていた。

この「改良か、革命か」の問題は、「二段階革命」か「社会主義革命」かをめぐる対立・論争としても繰り返された。今では、こんな論争があったことすら忘れられてしまった。だから、その内容に立ち入る必要はないので、簡略にいえば、「二段階革命」派は、日本の現状からは直ちに社会主義をめざすのではなく、まずは資本主義の枠内での民主的変革を先行させ、その後に社会主義をめざすとし、「社会主義革命」派は現状から直ちに社会主義への変革をめざす。その主張者は、大きくは前者が共産党で、後者が新左翼と分類することが出来るが、共産党のなかにも「社会主義革命」派が存在し、彼らは共産党から分裂した。二つの主張は激しく対立した。

だが、共産党の宮本顕治は一九六一年の第八回党大会で「二段階連続革命」を主張した。つまり、「社会主義革命」派の主張に歩み寄る必要があった。彼らとて社会主義を放棄したわけではなく、社会主義をめざすという目標を堅持していたからである。別な言い方をすれば、宮本は、「革命的視点と改良的視点との統一的な理解」に努力していたと言える。

ところが、半世紀近く経って二〇〇四年の第二三回党大会で綱領の大改訂を主導した不破氏は、それまでの綱領では宮本の主張に従って「……連続的に社会主義革命に発展する必然性をもっている」と書かれていたのに、まったく逆に「社会主義革命への転化の角度からの特徴づけをなくした」と説明し、「連続革命論的な誤解を残すような表現は、すべて取り除き」とまで強調した[40]。分かりやすくいえば、「社会主義革命」の放棄である。一方でこのように「社会主義革命」を放棄しながら、他方では不破氏は未来社会については「社会主義・共産主義」（社会）などとも話していて、まったく辻褄が合わないが、現実と未来とを切り離して論じることが出来る特技のゆえであろう。だが、同時に、ここに皮一枚でかすかに〈社会主義〉との接点が保持されている。不破氏と共産党はきわどい分岐点に立っているといえる。共産党が今後どのような道を選択するのかには興味はあるが、本稿の主題ではない。

日本の将来について社会主義を志向するのであれば、「革命的視点と改良的視点との統一的な理解」に努力するほかに活路はない。さらに、三つの視点を加える必要がある。

まず、現実的な諸課題についての解決策を提示することこそ必要である。恐らくそういう意識の積み重ねによって、一九九〇年代になると「オルタナティブ」なるカタカナ語が浮上した。「改良か、革命か」の問題を別の角度から打開しようとする試みと言える。だが、このカタカナ語が発せられただけで、現実的諸問題についての代案が提起されることはほとんどない。私は、自衛隊や象徴天皇制について、従来は提起されていない代案を提示している。税制については、二〇一一年に「税制の基礎知識」を書いた[41]。

もう一つは、当面する条件の下で実現の可能性がある「政権構想」を提示することである。これまで左翼は、前記のように「民主主義革命か社会主義革命か」とか、「二段階か連続か」という枠組みの中で思考してきたが、普通の人にとっては、社会主義革命でも共産党が主張する「民主連合政府」でもいずれも実現の可能性を見出すことは出来なかった。だから、左翼は伸長しなかった。この枠を超えるためには、実現の可能性がある「政権構想」を提示するとともに、同時に遠大な目標として社会主義を志向する必要がある。さらに、安倍晋三政権のような反動的政権に代わる政権ならば、〈閣外協力〉もあり得るという柔軟な戦術を選択する用意も必要である。私は、今年五月に〈対米従属脱却政権〉を提示した[42]。

三つ目は、その〈社会主義〉が実現するにはいったいどのくらいの時間がかかるのかという問題である。項を改めて明らかにしよう。

### B　革命実現のために要する時間

人間は何か大きな事業を達成する時には、誰が、どのくらい努力して、何時までに実現するのか、その大まかな予測を立てる。社会主義革命の主体は、普通は労働者とされている。「プロレタリア」と強調される時代もあったが、近年は滅多に「プロレタリア」には出会わない。最近は「赤旗」の一面大見出しに「野党・市民」と大書されることもあるし、「国民・市民」と書かれることもある。「変革主体論」などというテーマもあったから、突っ込んで探るとややこしいことになるが、私は「労働者・市民」が妥当だと考える。[43] 本稿の主題ではないので、そこは飛ばして次の「どのくらい努力して、何時までに実現するのか」に移ろう。「どのくらい努力して」という言い方は慣用ではないが、「多数の人びとの理解・賛同・協力を得て」と考えられている。突出した精鋭の英雄的行動による武装蜂起によって実現する（暴力革命）と夢想する人は、今では例外だから問題にすることはない。最後の問題は何時までに実現するのか、である。

時間がかかるという点について、主題的に考える必要があるのではないか。

レーニン批判を書いた後、一九九三年ころ私はそれまでまったく関心を寄せなかったアナーキズムについて少し勉強した。一〇冊程度の読書にすぎないが、プルードンが、「階級社会は八〇〇〇年も続いたのだから、そこから脱却するにも同じくらい時間がかかる」というような文章を書いていた。この文章が妙に心に残った。きちんとノートする習慣がなかったので、今ではどこに書いてあったものか探し出すことはできない。だから記憶に頼るほかないが、確かそういう趣旨だった。私は、アナーキストはマルクス主義者よりも急進的だとしか理解していなかったから、「八〇〇〇年もかかる」という考え方に驚いた。プルードンの研究者にどういう脈絡で書かれたのか教えてほしいが、私にはこの遠大な考え方が大切な何かを教えているのではないかと思われる。

ここで、本稿のはじめに触れた司馬遼太郎の認識が思い起こされる。司馬は、ロシア革命の「特殊性」として、「当時のロシアは、西欧のように複雑な社会ではなく、ツアーと農奴がいるだけ」

で、「ロシア革命は存外簡単だった」と指摘した。実は、司馬の著作を再読する一週間ほど前に、私は、社会主義理論学会の研究集会で「ソ連邦の崩壊とマルクス主義の責任」と題する報告をする機会を得て、そこで、ボリシェビキ党が結党いらいわずか十数年で国家権力を掌握したことを「奇跡に近い」と話した。司馬の指摘は、私の直感的な認識に事実の根拠を与えるものであった。これまでロシア革命の「特殊性」をこの点に焦点を当てて捉えるマルクス主義者はいなかった。

もし、このような覚めた認識を備えることが出来れば、ロシア革命に共感した各国の労働者・市民や共産党は、安易に「ロシア革命に続いてわが国でも社会主義革命に勝利しよう」とは願望しなかったはずである。社会主義への道はさらに厳しいいばらの道だと肝に銘じたであろう。社会主義を実現することは、超時間がかかる超困難な課題なのである、と意識しただろう。事実、『共産党宣言』から一六八年も経ているが、先進国ではどこでも「社会主義革命」は起きていない。

だが、左翼は、一九二八年のコミンテルン第六回大会で採択された「コミンテルン綱領」のなかで最初に提唱された「資本主義の全般的危機」論のように、明日にでも資本主義は崩壊するかの宣伝に酔ってしまった。(44) スターリンと鋭く対立したトロツキーが創設した第四インターナショナルの創立国際会議（一九三八年）で採択された文書は「資本主義の死の苦悶と第四インターナショナルの任務」とタイトルされた（『過渡的綱領』とも言われる。傍点：村岡）。

話はいささか時空を飛ぶが、二〇〇二年一〇月に北京で、「国際シンポジウム　二一世紀の世界社会主義」が開かれ、数カ国から約一五〇人が出席した。主催は中国の社会科学院。私も招待されて出席・報告したのだが、このシンポジウムでは「『資本主義から社会主義への転換の長期性・漸進性』に多くの報告者が言及した(45)」。

この超困難を明確に意識するためには、安易に「社会主義」と語るのではなく、〈資本主義克服社会〉と表現したほうが良いのではないだろうか。そのほうが、引き受けるべき困難で大きな課題が存在すること、その課題とは何かという問題意識を明確にすることが出来る。「もう社会主義を実現したのだ」と安心したり増長することを避けられる。

私はこれまで一貫して「社会主義社会」として、未来＝資本主義の次の社会を表示してきた（「社会主義への過渡期社会」と細分する場合もある）。これからもその願望・志向を放棄しようとは思わない。だが、合わせて〈資本主義克服社会〉と明確にする必要があると考えるようになった。学校のテストで一〇〇点満点を目指すのは悪くはない目標ではあるが、一〇点か二〇点しか取れていない水準ならば、そこから脱却することを目標にしたほうが堅実である。

同時に、〈資本主義克服社会〉と明確にすることには、次のような利点がある。最近は、水野和夫著『資本主義の終焉と歴史の危機』（集英社文庫。書評は本書に収録）をはじめ、「資本主義の終焉」がそこここで発せられるようになってきた。だが、それらの論者は「社会主義」には触れず、嫌っている。それらの著作を読む一般の読者の多くの意識も同様である。だが、資本主義はもうダメで、何とかしなくてはならないとまでは考えている。だから、「資本主義克服」なら違和感なく共通の問題意識を形成できるはずである。つまり、〈資本主義克服社会〉と提示することは、「資本主義の終焉」に関心を抱く読者と〈社会主義〉とを架橋することになる。資本主義の何を克服するのか、どうやって克服するのかを一緒に考える土俵を創り出すことができる。左翼はこれまで人びとから浮き上がる傾向を色濃くまとっていたから、そこから脱却する通路になる。

こうして、私たちはマルクスやマルクス主義の限界を超えて、広く討論・議論する共通の場を創り出して、〈格差〉がますます拡大する資本主義の現実と対決し、未来を切り開いていくことができるようになる。ソ連邦の崩壊という歴史に大文字で記されるべき挫折の体験から、人類が学ぶべき教訓の一つである。

## 付　村岡到の思索の歩み

この機会に、一九七五年からの私の思索の歩みを簡単に振り返ることにしたい。私は、この年に初めて論文と言えるものを書いた。そのタイトルは「〈ソ連邦＝堕落した労働者国家〉論序説」。期せずして四〇年余もロシア革命についてこだわって思索してきたと言える。とはいっても、専門的研究者ではないから、断続的に市民活動や家計のための仕事の合間にわずかながら積み重ねてきたにすぎない。

その歩みを振り返る前に、ロシア革命に関する著作リストを掲げる。私の小さな書棚にあるだけでも以下の通りである。全部ではないが、日本での刊行順に上げよう。

☆トロツキー『ロシア革命史』一九五四年、角川文庫
•C・ヒル『レーニンとロシア革命』一九五五年、岩波新書
•J・リード『世界を揺るがした十日間』一九五七年、岩波文庫
☆トロツキー『裏切られた革命』一九五九年、論争社
•対馬忠行『ソ連「社会主義」の批判』一九五九年、論争社
•荒畑寒村『ロシア革命運動の曙』一九六〇年、岩波新書
•T・クリフ『ロシア＝官僚制国家資本主義論』一九六一年、論争社
☆E・H・カー『歴史とは何か』一九六二年、岩波新書
•F・コカン『ロシア革命』一九六三年、白水社（文庫クセジュ）
•菊地昌典『歴史としてのスターリン時代』一九六六年、盛田書店
•野々村一雄など編訳『ソヴィエト経済と利潤』一九六六年、日本評論社
•I・ドイッチャー『ロシア革命五十年』一九六七年、岩波新書
☆プレオブラジェンスキー『新しい経済』一九六七年、現代思潮社
☆R・ダニエルズ『ロシア共産党党内闘争史』一九六七年、現代思潮社
•ソ連邦科学アカデミー歴史研究所『ロシア大十月革命史』一九六七年、恒文社
•菊地昌典『ロシア革命』一九六七年、中公新書
•江口朴郎編『ロシア革命の研究』一九六八年、中央公論社

・I・ドイッチャー『永久革命の時代』一九六八年、河出書房
☆藤田勇『ソビエト法理論史研究』一九六八年、岩波書店
・M・ウェーバー『ロシア革命論』一九六九年、福村出版
・E・H・カー『ロシア革命の考察』一九六九年、みすず書房
・松田道雄編『ロシアの革命』一九七〇年、河出書房新社
・B・ノルド『ロシア革命史』一九七〇年、弘文堂
・J・ブリュア『ソビエト連邦史』一九七一年、白水社（文庫クセジュ）
・長尾久『ロシア十月革命』一九七二年、亜紀書房
・M・ブリントン『ロシア革命の幻想』一九七二年、三一書房
・M・リーブマン『ロシア革命』一九七三年、社会評論社
・ツァゴロフ『社会主義経済学』上下、一九七五年、協同産業出版部
・菊地昌典編『ロシア革命論』一九七七年、田畑書店
☆溪内謙『現代社会主義の省察』一九七八年、岩波書店
・E・H・カー『ロシア革命』一九七九年、岩波書店
・S・コーエン『ブハーリンとボリシェビキ革命』一九七九年、未来社
・P・スウィージー『革命後の社会』一九八〇年、TBSブリタニカ　★
・長砂実・芦田文夫『ソ連社会主義論』一九八一年、大月書店

・辻義昌『ロシア革命と労使関係の展開』一九八一年、御茶の水書房
・外務省欧亜局ソヴィエト連邦課編『ソヴィエト社会主義共和国連邦』一九八三年、日本国際問題研究所
・A・ノーブ『ソ連の経済システム』一九八六年、晃洋書房
・藤田勇『概説　ソビエト法』一九八六年、東京大学出版局
・溪内謙『現代社会主義を考える』一九八八年、岩波新書　★
・広岡正久『ソヴィエト政治と宗教』一九八八年、未来社
・『歴史読本ワールド』二月号・特集：ロシア革命の謎、一九九一年、新人物往来社
・大江泰一郎『ロシア・社会主義・法文化』一九九二年、日本評論社　★
・岩田昌征『現代社会主義・形成と崩壊の論理』一九九三年、日本評論社（初版『比較社会主義経済論』は一九七一年）★
・J・ローマー『これからの社会主義』一九九七年、青木書店　★
・P・メドヴェージェフ『1917年のロシア革命』一九九八年、現代思潮社
・塩川伸明『現存した社会主義』一九九九年、勁草書房　★
・上島武『ソ連史概説』一九九九年、窓社　★
・下斗米伸夫『ソ連＝党が所有した国家』二〇〇二年、講談社
・上島武・村岡到編『レーニン――革命ロシアの光と影』二〇〇五年、社会評論社

（★は著者・訳者から寄贈）

もとより私は専門的研究者ではなく、本をよく読む活動家だったから、読まれるべくして上げられてはいない著作も少なくないに違いない。熟読した著作（☆を付けた）もあるし、ほとんど記憶にないものもある。この他にもレーニンやトロツキーの伝記、コミンテルン研究書も少なくない。全四七巻のレーニン全集（大月書店）や一二巻のトロツキー選集（現代思潮社）、トロツキー著作集（柘植書房）、三巻のブハーリン著作集（同）も所持している。

あえて、このリストを掲示したのは、私の読書・問題意識の所在を推察してほしかったからでもあるが、あの本を読んだのなら分かったはずなのにとか、逆にあれを読んでいないから欠落があるのだ、という指摘も可能であろう。

リストが一九六〇年代と七〇年代に集中していて、九〇年代以降は少ないのは、ソ連邦や社会主義への世間の関心の高低や、私の問題関心の移動も作用している。だが、それだけでも時流の変化を読み取ることができるであろう。ロシア革命五〇年を記念した江口朴郎編『ロシア革命の研究』は執筆者が二一人、九〇五頁の大作である。二一人のなかで現在も健筆なのは、岡田進、藤田勇、和田春樹(46)の三氏である（私事ながら幸いこの三人とは交流・接点が生まれた）。それからさらに半世紀、来年の一〇〇周年にはどんな著作が刊行されるであろうか。

トロツキズムの洗礼も受けたので、その傾向の著作が多いが、ソ連邦共産党や親スターリン主義のものも何冊かは読んだ。溪内謙の大冊は手にしていないが、彼の著作からは深く教えられるところ大であった。ついでながら、溪内とカーは一九五六年にハーバード大学で同僚だった。[47]

私は読書が好きではあったが、論文といえるものを書いたのは、前記のように一九七五年に第四インターに加盟してからである。ただ、中核派で活動していた一九六七年に、槙本正樹なる名でA・アンダースン著『ハンガリア一九五六』（現代思潮社）の書評「労働者革命の真実照らす」が「前進」に掲載された。そのなかで「万人のものになってはじめて、真実は真実として輝く」[48]と書いた。この姿勢は今も変わらない。私は、今日わかったことは明日には隣人に伝える、という習性が小さいころからあった。第四インターで活動している時に、「日和見主義」ならぬ「あせり見主義」とあだ名されたことがあった。

最初の論文「〈ソ連邦＝堕落した労働者国家〉論序説」は、『第四インターナショナル』第一八号＝一九七五年、第一九号＝七六年に連載された。村岡到のペンネームはこの時に使い始めた。それ以前に一二年間いわゆる中核派に在籍していた私にとっては、ソ連邦をいかなるものとして理解するかが決定的に重要な問題だったので、トロツキーの「堕落した労働者国家論」をおさらいする必要があった。中核派は、ソ連邦を「スターリン主義」としてただ断罪する立場に立っていた（私は一九八〇年に第四インターを脱盟した）。

次にソ連邦の動向を対象にして書いたのは一九九二年で、タイトルは「レーニンの『社会主義』の限界」で、『経済評論』一一月号に掲載された。何のつてもないのに投稿したら採用された（後日、廣西元信さんからの手紙で知ることになったが、同誌の編集長から掲載に値するかどうかを問われた廣西さんが、掲載を推奨してくれた結果だと分かった）。周知のように一九九一年八月にモスクワでクーデターが起き、同年一二月にソ連邦は解体・消滅するが、この間に、私は「社会主義再生への反省」なる一文を書き、「朝日新聞」の「論壇」に掲載された（本書収録）。それ以後、私はソ連邦について勉強を開始した。その最初の成果がこのレーニン批判であった。

さらに一九九六年に社会主義経済計算論争の存在を知って、『原典・社会主義経済計算論争』を編集し、そこに「解説」を書いた（本書収録）。続いて同年に「価値・価格論争」について、「『価値・価格論争』は何を意味していたのか」を書き、石井伸男・村岡到編『ソ連崩壊と新しい社会主義像』（時潮社）に収録した。

この頃にわかに唱えられた「ソ連邦＝国家資本主義」論に対しては、一九九六年に「『ソ連邦＝国家資本主義』説は論証されたか」（『協議型社会主義の模索』に収録）などで批判を加え、共産党に対しては翌年に「『生成期社会主義』説を放棄したあとで」（同）などを書いた。

本稿で触れた以外にもこの領域では二〇〇二年までに次の論文を個人紙「稲妻」（一九九四年以降は月刊で毎月一〇日発行。九六年までは政治グループ稲妻の機関紙）などに発表した。

一九九四年　「『労働に応じた分配』の陥穽」☆　「稲妻」一〇月二〇日
　「ハイエク・トロツキー・ポラニー」『現代と展望』第三八号＝一二月
一九九五年　「マルクスの『控除』論の弊害」「稲妻」五月
　「市場から貨幣を抜く＝引換場」「稲妻」六月

一九九六年　「〈貨幣の存続〉をめぐる認識の深化」☆　『カオスとロゴス』第六号＝一〇月
　　　　　　「カントロヴィッチの〈客観的評価〉の意義」「稲妻」一〇月一二月（三号連載）
一九九七年　「『計画経済』の設定は誤り」☆　「稲妻」一月～一二月（六号連載）
　　　　　　「『まず政治権力を獲得』論の陥穽」「稲妻」七月
一九九八年　「〈協議経済〉の構想」　　　　　「稲妻」一月～五月
　　　　　　「幸徳秋水『社会主義真髄』を読む」　「稲妻」八月～一二月（三号連載）
一九九九年　「〈生存権〉と〈生活カード制〉の構想」☆
　　　　　　「ソ連邦経済の特徴と本質」☆
　　　　　　「〈社会主義と法〉をめぐるソ連邦の経験」「稲妻」六月
二〇〇二年　「平等こそ社会主義正義論の核心」『カオスとロゴス』第二一号＝四月
☆は『協議型社会主義の模索』に収録、その「解題」にはその他の論文も掲示した。
「〈社会主義と法〉をめぐるソ連邦の経験」（本書に収録）は、藤田勇氏の著作に学び、手紙を送ったら、「小生の法学研究の道程では最も大事な研究であったと回顧され、愛着の強い著作です」とハガキをいただいた。

また、一九世紀の社会主義思想についても勉強し、二〇〇五年に『社会主義はなぜ大切か』を著した。宗教や愛についても考えるようになった。その思索の結果、〈友愛〉の核心的重要性を掴むことができた。親鸞をほんの少しかじり、ウェーバーに学び、「清廉な官僚制」を提起した

（二〇一二年『親鸞・ウェーバー・社会主義』）。

私のさまざまな提起に対する反応は大きな広がりを得るところまではいかないが、一定の範囲では肯定的な評価も加えられた。二〇〇四年には、私が編集長として刊行していた『カオスとロゴス』第二五号で「特集　村岡到理論の批判的検討」として、大江泰一郎、千石好郎、斎藤日出治、青木國彦、久留都茂子の各氏から寄稿していただいた。千石氏は「村岡到社会変革論の到達点で「レーニン主義の泥沼から這い出してきた稀有の人物の一人となった」と評した（『マルクス主義の解縛』の第8章として収録。二二五頁）。久留さんは尾高朝雄の息女である。

二〇〇八年には、ブックレット『閉塞を破る希望――村岡社会主義論への批評』を出版した。山田太一、塩沢由典、西川伸一、深津真澄、大江泰一郎など一三氏が論文を寄せた。

二〇一一年にネットの「ちきゅう座」で、岩田昌征氏は、「権理」用語に関連して、「日本常民社会が生み出したユニークな社会思想家村岡到氏[49]」と評した。私が前から「権利」よりも〈権理〉が良いと提起していたからである。また、深津氏は、「図書新聞」で拙著『友愛社会をめざす』の書評のタイトルを「人間への愛情と信頼を原動力に社会主義五〇年――巷間の思想家村岡到氏の歩みと主張」と付け、「村岡氏の真価は、いかなるアカデミズムにも関係なく……『市井の思想家、街の哲学者』と言いたくなる[50]」と過分な言葉を記した。

ソ連邦や社会主義について思索することと併行して、私は、第四インターに在籍していた一九七八年以降、日本共産党への批判と対話を求めて、少なくない論評を重ねてきた（本書巻末の村岡到著作一覧、参照)。

以上に略記したように新左翼活動家の経歴もある拙い歩みではあるが、〈社会主義〉を一途に探究してきたと自負することは許されるであろう。実践活動を主軸にした反省は、「回想——社会主義五〇年の古稀」(『友愛社会をめざす』)で書いた。厳しい批判と対話をこそ切望したい。

〈引用著作〉(複数回、引用)

E・H・カー『ロシア革命』岩波書店、一九七九年。

司馬遼太郎『坂の上の雲』文芸春秋、一九八九年。

不破哲三『マルクスは生きている』平凡社新書、二〇〇九年。

エンゲルス『空想から科学への社会主義の発展』大月書店、一九五三年。

レーニン「マルクス主義の三つの源泉と三つの構成部分」。レーニン全集、第一九巻、大月書店。

マルクス『共産党宣言』角川文庫、一九五九年。

不破哲三・上田耕一郎『マルクス主義と現代イデオロギー』大月書店、一九六三年。

『マルクス・カテゴリー事典』青木書店、一九九八年。

『資本論辞典』青木書店、一九六六年。

武田信照『愛知大学経済論集』第一九九・二〇〇合併号＝二〇一六年二月。

プレオブラジェンスキー『新しい経済』現代思潮社、一九六七年。

飯田鼎『マルクス主義における革命と改良』御茶の水書房、一九六六年。

千石好郎『マルクス主義の解縛』ロゴス、二〇〇九年。

〈注〉

(1) ジョン・リード『世界を揺るがした十日間』上、岩波文庫、一九五七年、一四頁、二二頁。
(2) トロツキー『ロシア革命史』第一巻、角川書店、一九五四年。
(3) トロツキー『永続革命論』選集第5巻、現代思潮社、二七〇頁。
(4) 『もうひとつの世界へ』第一五号＝二〇〇八年六月、ロゴス、六三頁。
(5) 村岡到「『唯物史観』の根本的検討」『連帯社会主義への政治理論』五月書房、二〇〇一年。私の提起と同様の見解をダニエル・ベルやアンソニー・ギデンズが提起していると、千石好郎氏が紹介している（『マルクス主義の解縛』ロゴス、二〇〇九年）。
(6) 村岡到『協議型社会主義の模索』社会評論社、一九九九年、二二三頁。
(7) 村岡到編『脱原発の思想と活動』二〇一一年、一一頁。
(8) 村岡到「〈協議経済〉の構想」『協議型社会主義の模索』所収。
(9) 梅本克己『マルクス主義における思想と科学』三一書房、一九六四年、一三〇頁。村岡到『貧者の一答』二〇一四年、でも引用。一九六頁。
(10) マルクス『経済学批判序言』。マルクス・エンゲルス全集、第一三巻。大月書店、六頁。
(11) 尾高朝雄『法の窮極に在るもの』有斐閣、一九四七年、一九四～一九五頁。
(12) 宇野弘蔵は或る高僧との対談で、「『資本論』のなむあみだ仏は何か」と問われ、それは「労働力の商品化だ」と答えた。宇野弘蔵著作集の「月報」に書いてあったと思うが、探し出せず。
(13) レーニン『国家と革命』。レーニン全集、第二五巻、四四四頁。
(14) 『もうひとつの世界へ』第一六号＝二〇〇八年八月、ロゴス、六三頁。

⒂　不破哲三『マルクスと友達になろう』日本民主青年同盟、二〇一五年、一八〜一九頁。不破氏は一九八九年にはペレストロイカを推進したゴルバチョフを批判して、ゴルバチョフが主張した「人類的利益」について「階級闘争の抑制あるいは否定」（『「新しい思考」はレーニン的か』新日本出版社、二頁）と非難していたことは忘れている。この時期には、不破氏は「レーニン的」であることを正しいとしていた。

⒃　G・ラートブルフ。小林直樹『憲法の構成原理』東京大学出版会、一九六一年、三一八頁から重引。村岡到『生存権所得』社会評論社、二〇〇九年、二六頁などでも説明した。

⒄　小林直樹『憲法の構成原理』二九頁。

⒅　武田信照『近代経済学思想再考』ロゴス、二〇一三年。

⒆　村岡到『スターリン主義批判の現段階』稲妻社、一九八〇年、一八六頁。

⒇　村岡到『生存権・平等・エコロジー』白順社、二〇〇三年に収録。この論文の要点を、近刊の『フラタニティ』第三号＝二〇一六年八月に「母なる大地と農業の根源的大切さ」として発表した。

(21)　マルクス『資本論』1、新日本出版社、一四頁。

(22)　ダンテ『神曲』「煉獄篇」。『世界文学全集』2、集英社、一九七六年、二三六頁。

(23)　村岡到「多様性と自由・平等」『生存権・平等・エコロジー』。

(24)　マルクス『ゴータ綱領批判』岩波文庫、三八頁。そのすぐ後に「協同組合的な富が……あふれ出るばかりに湧きでる」と書いてある。

(25)　不破哲三『古典への招待』上巻、新日本出版社、一三六頁。

(26)　マルクス『資本論』3、八三二頁。

(27) トロツキー『文学と革命』。R・C・タッカー『マルクスの革命思想と現代』研究社、一九七一年、一二一頁から。
(28) マルクス『新訳ドイツ・イデオロギー』新日本出版社、一九九六年、四四頁。
(29) エンゲルス「コンラート・シュミットへの手紙」一八九〇年八月五日。マルクス・エンゲルス全集、第三七巻、三七九頁。
(30) 森岡真史「レーニンと『収奪者の収奪』」。上島武・村岡到編『レーニン　革命ロシアの光と影』社会評論社、二〇〇五年、に収録。
(31) 藤田勇『ソビエト法理論史研究』岩波書店、一九六八年、一八頁～二〇頁。（本書、一六〇頁）
(32) 植木雅俊『仏教、本当の教え――インド、中国、日本の理解と誤解』中公新書、二〇一一年、一六七頁。彼の先生であった中村元は『日本人の思惟方法』で「客観的知識を人間関係から切り離して抽象的に扱わないで、人間関係において把握するという思惟方法」を、日本人の特徴だと克明に説いている。中村は、日本人は「与えられた現実の容認」「人間結合組織を重視する傾向」「非合理主義的傾向」（各章のタイトル）が強いことを明らかにしている（普及版、春秋社、二〇一二年、四五二頁、四二六頁、三六七頁）。
(33) 村岡到「『一国一前衛党』論の誤り」『不破哲三との対話』社会評論社、二〇〇三年、所収。
(34) 村岡到「ロシア革命と『歴史の必然性』の罠」『協議型社会主義の模索』二二一、二二三頁。
(35) 小泉信三『共産主義批判の常識』講談社、一九七六年、八三頁（原著：一九四九年）。
(36) 梅原猛「思うままに」「東京新聞」連載。二〇一六年三月二八日。次の連載で、「私はキリスト教を新ユダヤ教とよびたいが、マルクスの思想はまさに新・新ユダヤ教といってよかろう」（四月一一日）と書いている点は、前述の一発逆転の思考（本書、四三頁）と通底している。
(37) フィヒテ『フランス革命論』法政大学出版局、一九八七年、二二九頁。
(38) 村岡到『連帯社会主義への政治理論』四六頁。
(39) 『思想』一九六三年一二月号。この論文は、一九九五年に廣西さんからコピーを戴いた。添付された手紙では、利潤分配制の意義を説き、杉原はミルが「過渡期」と書いていたかに記述しているが、ミルは「過渡期」用語を使っていないと注意していた。
(40) この問題については、村岡到『不破哲三と日本共産党』一四〇頁以降を参照。
(41) 自衛隊については、「自衛隊の改組にむけた提案」（『親鸞・ウェーバー・社会主義』所収）や『不破哲三と日本共産党』第Ⅲ章、を、象徴天皇制については『文化象徴天皇への変革』二〇一五年を参照してほしい。最新刊の村岡到編『壊憲か、活憲か』の村岡論文では、憲法改正案としてこの二つの問題を提示した。税制については、『親鸞・ウェーバー・社会主義』に収録。
(42) 村岡到「政局論評」『フラタニティ』第二号＝二〇一六年五月。
(43) 村岡到「なぜ〈労働者・市民〉と定立するのか」（『連帯社会主義への政治理論』）参照。その後、農業問題を論じた際に「労働者・農民・市民」とも書いたこともある。
(44) 「資本主義の全般的危機」論については賛否の論争も多く、不破氏は一九八八年に『「資本主義の全般的危機」論の系譜と決算』（新日本出版社）で、この論を誤りとして清算した。
(45) 村岡到「中国訪問による理論的反省と提起」『連帯社会主義への政治理論』二二三頁。このシンポジウムで、私は「協議生産と生活カード制」を報告し、ロシアから参加した旧知のアレクサンドル・ブズガーリンや未知の中国人研究者から好意的感想を得た。私が報告した分科会で司会をした、武漢大学の梅栄政教授が翌々年に私を武漢大学に招待してくれ、そこでも報告・交流した。

(46) 和田春樹氏は自著『ある戦後精神の形成』(岩波書店、二〇〇五年)で「……職員の中では〔東大病院〕分院の組合の書記〔長〕をしていた青年は反代々木〔共産党〕系だといわれたが、明らかに東大職員組合の方針とは一味違う意見をだしていた。村岡到というその人はいまも社会主義の孤塁を守って積極的に活動している」(三四七頁)と書いている。

(47) 渓内謙『ソビエト政治史』勁草書房、一九六二年、「はしがき」二頁。

(48) 槙本正樹〔村岡到〕「前進」一九六七年二月二七日。縮刷版、第三号、一五四頁。

(49) 岩田昌征、ネット「ちきゅう座」二〇一一年二月二日。

(50) 深津真澄書評「図書新聞」二〇一三年一〇月五日。『貧者の一答』二三九頁。
村岡の著作で出版社名が記載されていないものは、ロゴス刊行である。

〈脱稿後の追記〉

☆ソ連邦を「現実社会主義」とか「現存社会主義」とする説も、ソ連邦の崩壊以前には存在していた。ソ連邦などの否定的出来事ゆえに「社会主義」とすることには躊躇しながら、さりとてトロツキズムには接近したくないという中途半端な見解で、ソ連邦や東欧諸国の体制転換の後には、「現実」とか「現存」と言えなくなり、この説を再説する者はいなくなった。

☆「階級的憎悪」について。宮本顕治は、一九三一年に「文芸時評」で「階級的憎悪感」を基軸にすえて強調した(『宮本顕治著作集』第一巻、新日本出版社、一五一頁～一六四頁)。治安維持法の時代であることを深慮すべきであるが、歴史的限界としなくてはならない。

# 「ソ連邦＝党主指令社会」論の意義

## はじめに

その国名に地理上の名称が付いていなかった（国民国家を超克する意志の表現であった！）、恐らく唯一の国「ソ連邦」が崩壊して、二三年が過ぎた。その長い正式名称「ソヴィエト社会主義共和国連邦」のなかには「社会主義」の語も入っていたので、普通には「ソ連邦」は「社会主義」国と思われていたし、今もかなりの範囲でそう思われている。ソ連邦の崩壊は、社会党の解体をはじめ左翼の大きな衰退を招いた。左派の再生のためには、ソ連邦とは何だったのかを明らかにしなくてはならない。ソ連邦は何だったのか、その存在と崩壊の教訓は何かを明らかにすることは、あえて言えば人類の未来を切り開くための不可欠の課題の一つである。

『季論21』第二五号（二〇一四年七月、本の泉社）が「ポスト資本主義へのアプローチ」を特集している。長砂実、荒木武司、岩田昌征、聴濤弘、大西広の五氏の論文を収録。

聴濤論文「『ソ連』とは何だったのか」は、従来のソ連邦論を四つに整理して、「国家資本主義」説や「社会主義と無縁」説などを退け、「トロツキーに起源する」論を「傾聴に値する」と評している。自身の理解としては「党の国家化と位階制社会の形成」として明らかにしている。長砂論文「『新しい社会主義』を模索する」は、ソ連邦を「失敗した『資本主義から社会主義への過渡期』社会」と結論している。

手前味噌になることは気が引けるが、「トロツキーに起源する」論を積極的に論じているのは、残念ながら私しかいない。私は、トロツキーに学んで一九七〇年代半ばから一貫して、ソ連邦を「資本主義から社会主義への過渡期社会」だと主張してきた。近年は〈党主指令社会〉として明らかにしている。

『季論21』の特集については、ごく短い論評を加えた（本誌〔『探理夢到』〕第七号）が、この機会に改めていわゆるソ連邦論について整理する。

私が初めて書いた長い理論的論文は、「〈ソ連邦＝堕落した労働者国家〉論序説」と題するもので、一九七五年に『第四インターナショナル』に二号にわたって掲載された。「序説」と明記してあるように、トロツキーの見解を整理した習作にすぎないが、「スターリン主義官僚制の二面性」と項目を立てていた。

一九八〇年に政治グループ稲妻を創成した時期には、「スターリン主義官僚制の二面性」を根拠に「官僚制過渡期社会」と規定して「官僚制の克服」を方向指示した。「労働者国家無条件擁護」

と「反帝・反スターリン主義」の両極を超えるためにである。そして、この視点から日本共産党の「社会主義生成期」論（後述）を批判してきた。

ソ連邦崩壊後の「国家資本主義」論に対しては、一九九六年に大谷禎之介氏ら編『ソ連の「社会主義」は何だったのか』（大月書店）が刊行された直後に「『ソ連邦＝国家資本主義』説は論証されたか」で全面的批判を加え、翌年に刊行された聴濤氏の『ソ連とはどういう社会だったのか』（新日本出版社）に対しては「『社会主義生成期』説を放棄したあとで」で批評した（二つとも『協議型社会主義の模索』に収録）。

二〇〇九年には「ソ連邦論の歴史的射程」を『プランB』第一九号（二月）に掲載し、ソ連邦崩壊二〇年の二〇一一年に『経済科学通信』が「『ソ連型社会』とは何であったか」を特集した後、その次号に求められて「誌面批評」（本書に収録）として短い論評を掲載した。この年には、「ソ連邦崩壊から20年シンポジウム」を組織し、このシンポジウムを土台に論文集『歴史の教訓と社会主義』（ロゴス）を編集・刊行した（私の論文「社会主義像の刷新」も収録）。

## 第1節　基本的立場と姿勢

まず、この問題を取り上げ解明する基本的立場と姿勢をはっきりさせなくてはならない。

第一に、一九一七年のロシア革命の勝利によって切り開かれた社会主義の実現にむけての実践の大きな意義を明らかにしなくてはならない。ロシアにおいてレーニンを最高の指導者とするボリシェヴィキによって主導された、ツアーの帝政を打倒した革命は、わずか七二日間で幕を閉じた一八七一年のパリ・コミューンとは異なって長期にわたって持続し、そのことによって国際政治と各国の資本制社会に大きな影響を与えた。労働者の働く条件を取り上げれば、八時間労働制、社会保障制度、有給休暇制度を導入することを促し、国家の経済における計画性（年次国家予算や国民経済の諸指標）を創出させることになった。一九三一年にはアムステルダムにおいて「世界計画経済会議」が米ソなど主要二〇有余国から著名な経済学者が集まって開催され、その名称にも明示されているように「計画経済」が話題の中心となった。二年前には世界大恐慌が襲っていた時期にである〔本書、一四二頁、参照〕。

世界史において積極的な業績としてその軌跡を残したロシア革命は、一九二四年一月のレーニンの死後、スターリンによって主導されることになり、各国の革命運動にとってもロシア国内の政策においても逸脱を深め、共産党指導部による強圧的な政治に陥った。一九二〇年代以降にスターリンの政治に反対する者は「反革命罪」で五〇〇カ所にも及ぶ強制労働収容所（＝ラーゲリ）に収容された。その数は数百万人から数千万人説がある。

それゆえに、ロシア革命とソ連邦を解明することは、この肯定面と否定面を合わせて明らかにしなければならない難問となった。一九一九年に創成されたコミンティルンの各国支部として形成されることになった、各国の共産党は、資金的・人的支援にもよって、スターリンが主導する諸行動・諸政策をただ支持し、それに従うことを習性にしていたがゆえに、ソ連邦の否定面を直視・批判することはできず、目をつむるだけであった。まれに批判する者は、党外に叩き出された。したがって、ロシア革命とソ連邦を解明することは、この否定面を正視し批判することを不可欠の内実とする難儀な営為となるほかなかった。これが、第二点である。ソ連邦をすでに「社会主義」が実現した理想の国とみなすような、怠惰な常識に安住していたのではとても引き受けることはできない課題だった。

さらに第三に、ソ連邦崩壊後には新しい課題が追加される。ロシア革命とソ連邦はマルクス主義によって主導されていると、長い間、当事者によって自称・宣伝され、外部の観察者によってもそう思われてきた。それゆえに、ロシア革命とソ連邦を解明することは、同時にマルクス主義の内実を俎上にのせて再審することでもあらねばならない。そこで犯された重大な誤謬や逸脱に、マルクス主義は責任を負う必要はないのか、という厳しい反省を迫るはずなのである。

ロシア革命など無かったかのように素通りして、二一世紀の現実にも断片的には通用するマルクスの文言を繰り返したり、マルクスの文献探索に熱中してマルクスやマルクス主義を宣伝することは、無責任以外の何者でもない。逆にロシア革命やスターリンの悪行を暴き立てながら、マルクスとマルクス主義の限界に目をつむることも大きな誤りである。

第四に、この問題をめぐる思索と探究は、〈社会主義像〉の深化・豊富化として結実する方向でなされなければならない。そうでないなら、ほとんど意味はない。どんなことにせよ、事実を知る意味はゼロということはないが、私たちがソ連邦論に関心を寄せるのは、日本において社会主義を実現するという志向性の故である。

だが、このことは、社会主義という志向性を持たない研究や認識を排除することをいささかも意味しない。とくにロシア革命とソ連邦の解明に限定されるわけではなく、理論的探究一般に通じることであるが、党派的な色眼鏡による価値判断を避けることが大切である。これが第五の姿勢である。

別に言えば、誰が主張しているかではなく、何が説かれているのかを主軸にして思考することである。属人思考の愚は、仏教思想家の植木雅俊氏が明確に指摘していた[1]（本書、六七頁、参照）。抽象的な話だけでは飽きるだろうから、本稿冒頭で挙示した長砂論文の結びを例示しよう。「従来の『閉鎖的』『自足的』研究を改め」なくてはならないのである。

## 第2節　三つの誤った「理論」

すでに冒頭に引いたように、聴濤論文は、従来のソ連邦論を①「国家資本主義」、②「国家社会主義」、③「非資本主義」、④「過渡期でもなかった」の四つに整理している。③を「トロツキーに起源する」論として「傾聴に値する」と評している。④はこの表現よりも「社会主義と無縁」説としたほうが分かりやすい。日本共産党はそう表現しているからである。長砂論文では、この説を「『社会主義とは無縁な』存在であったのであり、『社会主義への過渡期』でもなかった」と表記している。長砂氏は③④の表現の違いはあるが、①②④はいずれも誤りとして退けている。冒頭で明らかにしたように、私は一貫して聴濤氏の整理によれば③を主張して、それ以外の三つの「理論」をきびしく批判してきた。改めてその要点を明らかにする。

### A 「国家資本主義」説の難点

ソ連邦を「国家資本主義」と見る説は、一九九一年末のソ連邦崩壊の後に、一部で流行となった。前記のように、一九九六年に大谷禎之介氏ら編『ソ連の「社会主義」は何だったのか』が、マルクス主義の正統派に近いと評価されてきた大月書店（マルクス・エンゲルス全集やレーニン全集の版元）から刊行された。

この説の根本的な難点は、「資本主義」だと規定しているにもかかわらず、ソ連邦の経済が「賃労働と資本」を基軸にしていると実証できず、生産の動機・目的が利潤にあることも「価値法則」が貫かれていることも示せないことであり、ソ連邦の経済を少しでも観察すれば、すぐにその大きな特徴として気づくはずの「ヤミ経済」や「指令」についてまったく触れないことである。

しかも単に付随的ではないのであるが、これらの論者は、この「国家資本主義」説が、一九二〇年代にすでに唱えられていて、トロツキーなどによって厳しく批判されていた事実にまったく触れない。ここではその内実に深入りすることは避けるが、ピエール・フランクの『第四インターナショナル小史』によれば、「『国家資本主義』の理論は、〔一九一七年のロシア〕一〇月革命の後にオットー・バウアーやカール・カウツキーら社会民主主義者によって創唱された[2]」。そして第四インター周辺では二〇年代にすでに争点となっていた。

一九五六年のハンガリー事件を契機にして出発した新左翼運動が台頭してきた一九六〇年代に一時期ながらソ連邦論が争点になった。ブント系列からは、「国家資本主義」論を再論する者も現れ、トニー・クリフの『ロシア＝官僚制国家資本主義論』（論争社）が翻訳されたり、対馬忠行の『ソ連「社会主義」の批判』（同）が読まれた。

過去の類似の論争・理論を顧みないことは、何事によらず迷路に陥没する近道となる。逆に過去に学ぶ者は、誤謬を避けることができる。聴濤氏は、「国家資本主義」用語について、「それがなにを意味するかをだれも正確には知らないという点で都合がよい」という皮肉に満ちた警句を引用しているが、これはだれあろう、トロツキーが『裏切られた革命』で放った批判である[3]。

蛇足ではあるが、この謬論をなお主張している大西氏は、冒頭の論文で自説が「今や日本のマルクス派理論経済学者の半数が支持するものとなっている」と注記している。おやおやという思いを抱かずにはいられない。というのは、彼は三年前には、自分の論文の冒頭で、自説が「日本のマルクス主義者の間では最大多数の理解」を意味する「通説」になったと誇示していたからであり、かつそのことを私は前記の「誌面批評」で「根本的な錯誤にすぎない」（本書、九八頁）と批判したことがあったからである。「マルクス主義者」が「マルクス派理論経済学者」とより狭くなったのは、私による批判の故かもしれない。「大御所」、「前々会長」、「会長」「名誉教授」だのが同じ言葉を使うようになったから、などという権威主義的思考（嗜好）に同調する人は少ないであろう。支持者の多少は意味があるが、多数だから正しいなどとは、小学生でも考えないだろう。しかも「マルクス派理論経済学者」を自認する「学者」はどのくらい存在するのか？「マルクス派理論経済学者」なるものを無前提に正しいとする錯覚から卒業することを勧める。

そんな下らないことよりも、今度の大西論文には、「国家資本主義」説の致命的弱点が示されている。大西氏は、「マルクス経済学的な『資本主義』概念とは何か」を定義すると力んでいるが、「資本蓄積」だけを問題にしているにすぎない。その定義では「労働者と資本」の対立にまったく触れない。「労資対立」を欠落させた「マルクス経済学」とは何だろうか？「国家資本主義」説がもっぱら生産力の高低だけにこだわる根本的な誤謬の根拠こそ、「労資対立」認識の欠落にある。なお、「誌面批評」で書いたように、この前号の特集では、森岡真史氏の論文だけが光っていて、彼の問題提起に答える必要がある。後述の拙論はその答えになっている部分もある。

**B　「国家社会主義」説の迷妄**

次に登場したのが、「ソ連邦＝国家社会主義」説である。「国家」を付したにせよ、とても「資本主義」とは言えないが、トロツキズムにあまりに接近したくはないし、しかも形容句ぬきに「社会主義」とすることは気が引けるというわけで「国家社会主義」を選んだのであろう。ロシア研究者の和田春樹氏などもそうつぶやいていた。「現実社会主義」だの「現存する社会主義」なども似たようなものにすぎない。ついでながら「奴隷包摂社会」なるバカげた意見もあった。

イギリスのデーヴィッド・レーンの『国家社会主義の興亡』（明石書店）が二〇〇七年に翻訳された。レーンは、「日本語版序文」では「著者の接近が他と異なるもっとも重要な点は、国家社会主義社会を『全体主義』とも『社会主義』とも見ていないことであ[4]」ると注意している。「『社会主義』とも見ていない」のに、「国家社会主義」と呼称するのは背理である。

また、レーンは、「国家社会主義の崩壊」は「マルクス主義ではなく、ボリシェヴィズムの崩壊である[4]」と考えている。スターリンやレーニンには問題があるが、マルクスは依然として正しいというわけである。彼には、唯物史観の限界についての問題意識が欠如している。

「国家社会主義」のレッテルがなぜ不適切なのか。大きな理由は三つある。

まず、なお「社会主義」とは言えないものを「社会主義」と呼称する点であり、別の言い方をすれば「社会主義」とは何かが不明なことである。

次に「国家」に特徴を見出そうとしているが、ソ連邦のきわめて重大な特徴はその国家における共産党の位置にこそある（この点は第４節で詳しく明らかにする）。そのことが不明になってしまうことに、「国家社会主義」説の弱点がある。この点は、「国家資本主義」説の弱点でもある。

さらに、〈社会主義〉への展望を見失い、〈社会主義〉への努力を放棄することになる。「国家」という形容はつけるがともかく「社会主義」と認めるから、ソ連邦の崩壊は、ストレートに「社会主義の崩壊」として理解される。「国家社会主義」の用語を使う人は、ほとんどトロツキーと第四インターの闘いを無視していることも特徴的であり、それは偶然ではない。

C 「社会主義とは無縁」説は無責任

ソ連邦を「社会主義とは無縁」とする説は、日本共産党によって二〇〇四年の第二三回党大会で改定された「綱領」で確認されることになった。ソ連邦崩壊から一三年も経ってから「ソ連〔など〕は社会主義とは無縁な人間抑圧型の社会」だったとされた。つい最近では、同党のただ一人の理論家不破哲三氏は「レーニンは……マルクス本来の立場を完全に誤解した」（後述）とまで評するほどになった。驚くべき変貌であるが、そのことの意味に深入りする前に、共産党については少し詳しく歴史的に明らかにしなくてはならない。

コミンテルン日本支部として一九二二年に創成された日本共産党は、この九〇年余の半分以上の長きにわたって、ソ連邦を「社会主義」と認識して積極的なものと評価してきた。ソ連邦共産党とは一時期は論争・対立したこともあるが、関係修復して、一九八六年には不破副委員長が、ペレストロイカを主導したゴルバチョフ書記長にどちらが先に面会するか、社会党の土井たか子委員長と先陣争いをしたほどであった（二日前に会えた）。

現在の共産党の出発点となった、一九六一年の第八回党大会で決定した「綱領」では、明示的にではないが、「ソ連」は「社会主義陣営」とされていた。

いわゆる社会主義圏を揺るがす大きな出来事は、一九五六年のハンガリー事件の次には、六八年のチェコスロバキア事件、八〇年のポーランド連帯の闘いと、中年《さる》に生起した。ハンガリー事件は、日本共産党が「五〇年分裂」を収束させた一九五五年の「六全協」の直後で批判的に対応できず、このことが新左翼誕生の土壌となった（共産党は三二年後の一九八八年に自己批判を発表した）。チェコスロバキア事件に対してはソ連邦や東欧五カ国の軍事介入をすぐに批判した。その期間には小さな認識の「前進」があった。

一九七七年の第一四回党大会で「社会主義生成期」論を提起した。この理論は、当初は副委員長の上田耕一郎によって「目から鱗」の新理論として自画自賛されていた。その内実は、否定的な出来事は生まれたばかりだから仕方がないという弁護論にすぎず、周辺の社会主義研究者に影響を与えたが、後述の第二〇回党大会で何の議論もないままに廃棄処分となった。したがって、検討するに値いしない。

一九八五年の第一七回党大会で改定した「綱領」では、「社会主義の制度的優位性」を確認して、「さまざまの逸脱にもとづく否定的現実は、歴史の発展にそむくものであり、世界の心ある人びとを悲しませた」と嘆いた。

一九九一年末のソ連邦崩壊の後には、評価を大きく変更した。

二年半後の一九九四年の第二〇回党大会で改定した「綱領」では、「対外的には覇権主義、国内的には官僚主義・専制主義の誤った道にすすみ」として、「社会帝国主義への堕落」とか、「ソ連覇権主義という歴史的な巨悪の解体」と悪罵した。同時に、この大会では、前記のように「社会主義生成期」論を廃棄し、「社会主義でも、それへの過渡期の社会でもなかった」とした。だが同時に「社会主義をめざす国」ともされた。頭髪がほとんど抜けたのにざんばら髪であると言うようなもので、まったくチグハグな説明である。誤った前説の代わりに打ち出されたのだから長持ちしなくてはいけないはずなのに、「めざす国」を復唱する者は現れなかった。

二〇〇四年の第二三回党大会で改定した「綱領」では、前記の引用に加えて「社会主義の道から離れ去った覇権主義と官僚主義・専制主義の破産」として、「ソ連覇権主義という歴史的な巨悪の崩壊は……新しい可能性を開く意義をもった」と強弁された。

このように、共産党のソ連邦認識は後追い的であるばかりか、確定した明確な内実を備えていない。「社会主義生成期」論については、『前衛』誌上などでも論争が展開されたが、それ以後、この種のテーマでは論争もなければ、目立った論文も提起されていない。その意味で、冒頭にあげた『季論21』が特集を組み、『前衛』誌上での論争にも登場していた長砂氏や聴濤氏が執筆していることはきわめて注目すべき動向である。聴濤氏は、例外的に「官僚制問題」にも重点を置いて論じていた。

だが、多作の不破氏は、肝心な問題をネグレクトしたまま、「スターリン秘史」に没頭して『前衛』に連載している〔後に六冊の著作となった〕。かつ、レーニンについて語るや、前述のように「迷妄」というしかない放言を発している。正確に紹介しないと失礼なので説明すると、今年〔二〇一四年）六月一〇日に党本部で開かれた「理論活動教室」で、マルクスの革命論をテーマにして講義したなかで、マルクスが晩年には彼の言葉でいう「多数者革命論」に到達したとして、一八七八年にマルクスが書いた文書を論文名は上げずに取り上げ、「……革命の平和的な道の可能性があることをマルクスが明言したことは非常に重要な意味を持つ」と強調し、これとの対比で、「レーニンは、国家を改造して利用するというマルクス本来の立場を完全に誤解した」(5)と語った。

革命の形態という問題については、別稿で明らかにしたいが、ここでは、このレーニン否定が、ロシア革命否定・忘却に繋がっていることをはっきりさせておきたい。実は、不破氏は、昨年一一月に「有名な女性革命家のローザ・ルクセンブルクは、一九〇五年にロシア革命が起きた時に書いた論文で、革命というものは自然発生的に起きるもので、革命を党が準備したりするのは邪道だと論じました」と、「『古典教室』を語る」なる鼎談のなかで発言していた。(6)つまり、「完全な誤解」にすぎない革命論によってレーニンが主導したロシア革命は、歴史的な価値の無いものとして葬り去られようとしている。だから、今年一月に開かれた第二六回党大会の決議の第2章では「世界の動きをどうとらえ、どう働きかけるか」と設定されていて、その冒頭に「二〇世紀におこった世界の最大の変化は」と主語を立てているのに、ロシア革命もソ連邦の崩壊も一言も出てこないことになったのである。

このように、「社会主義とは無縁」説もまた、採用できない謬論なのである。長砂氏は不破氏を名指しすることは避けながら、その誤りを全面的に明らかにしている。

## 第3節　トロツキーの「堕落した労働者国家」論の有効性

ロシア共産党の党内闘争においてスターリンに敗れ、自らがレーニンと並んで主導した「革命ロシア」から一九二九年に極秘のうちに国外追放されたトロツキーは、以後、第四インターを創成して、一九四〇年にメキシコでスターリンの刺客によって殺されるまで、「世界革命」のために闘った。この闘いでの不可欠となる前提は、ソ連邦をいかなるものとして認識・評価するのかという問題であった。この難問の解答として提出されたのが、一九三六年に刊行された『裏切られた革命』である。

この著作は、以後トロツキズムのいわばバイブルとなった。日本では、戦前にも翻訳されていたが、黙殺された。戦後は山西英一によって翻訳され、論争社から一九五九年に刊行され、新左翼活動家の必読文献となった。論争社は、岩波書店や大月書店とは異なる、いわば右派系列の出版社である。山西さんに教えていただいたエピソードを明かすと、敗戦後に岩波書店などに出かけて「トロツキーの名を出すと、編集部の人たちはみな嫌な顔をして席を立った」という。それが時代の流れだったのである。一九六〇年代でも、共産党の党員は、トロツキーの著作をこっそり押入れに隠して読んでいたという。正統派の中では、トロツキーは不倶戴天の敵だったからである。

『裏切られた革命』にはこう書いてある。「空想の翼をどんなに勝手に広げて見ても、マルクスやエンゲルスやレーニンがえがいた労働者国家の輪郭と、今日スターリンを先頭とする現実の国家との間の対照のように、甚だしい対照を想像することは困難であろう」(7)。このトロツキーらしい言葉に、スターリンが主導するソ連邦の現実に対する厳しい立場がくっきりと表現されている。『裏切られた革命』の要点は次の六点にあると、一九八三年に書いた「社会主義社会への歴史的発展」(8)で整理した。より簡略に引用する。

①現在のソヴィエト体制は、資本主義から社会主義への過渡期である。
②国有財産と計画経済が維持されているから、労働者国家は転覆されてはいない。
③官僚は階級ではなく、階層である。
④官僚的独裁政治は、ソヴィエト民主主義に代わらなければならない。
⑤官僚を打倒する第二の補足革命が必要である。
⑥労働者国家として極度に堕落しているが、帝国主義に対しては無条件に防衛されなければならない。

このように、トロツキーの理解は、「二つの対極的な側面」を持っていた。まさに「堕落した労働者国家」というキーワードによく示されている。「堕落」に力点を置けば、「官僚を打倒する第二の補足革命」が必要となり、「労働者国家」を重視すれば「無条件に防衛（擁護）」となる。その意味ではあいまいとも言えるし、そのことが第四インターの歴史においても、何か大きな国際的事件が起きるごとに、論争点となってきた。例えば、私が在籍していた一九七九年には、ソ連邦によるアフガニスタン侵攻の是非をめぐって国際的な論争が惹起され、日本支部も分裂はしなかったが分派闘争の争点になった（この時に、ソ連邦の軍事介入を批判する意味で書いたのが「一九二〇年のワルシャワ進軍の教訓」『スターリン主義批判の現段階』に収録、である）。

しかし、②の「国有財産と計画経済の維持」を核心的要点として明確にしているところが、トロツキーの特徴であり、それはトロツキーの認識の優位性を示すものである（「計画経済」についでは後述）。また、④の「官僚的独裁政治」という認識も重要である。〈官僚制〉として問題点を探る出発点となるからである。対照的に、日本共産党系の研究では、官僚制をほとんど問題にしない（できない）。

また、トロツキーは経済運営における「分配」の重要性についても注意を喚起していた。『裏切られた革命』で、特権官僚と貧しい労働者の隔絶たる格差を直視して、「皮相な『理論家』は富の分配は、富の生産にくらべて第二次的な要因だということで、自分自身をなぐさめることができる」[9]と辛辣に批判した（このくだりに分配を軽視したマルクスへの言及があればなお良かった）。

本稿の冒頭での長砂氏と聴濤氏の最新の認識にも明白なように、今日なお有効なのは、前節で点検した三つの「理論」ではなく、このトロツキーの認識なのである。もちろん時空を超えて子どものように教条を繰り返すのではなく、それらを認識の拠点として、現実の変動に応じてその内容を深化させる必要がある。節を改めて、どのように認識を進めてきたのかを明らかにしよう。

## 第4節　村岡ソ連邦論の到達点

何事によらず、難問への他人の解答を批評することは割合に容易いと思われていて、自分で解答を書くことはより難しいとされている。だが、自身の解答がそれなりの水準を保持していなければ、他人への批評も的確さを欠くものとなる。いずれにしても自身の解答を提示することこそが大切である。

私は三九年前の論文いらい、ソ連邦論については何度も書いてきた。基本的な立場と姿勢は変わらないが、理論的表現は変化してきた部分もある。

一九七五年の習作「〈ソ連邦＝堕落した労働者国家〉論序説」では、「スターリン主義官僚制」とも「過渡期社会」とも書いていた。

一九八三年に書いた「社会主義社会への歴史的発展」では、「官僚制」問題を重視して、〈官僚制過渡期社会〉と明らかにし、〈官僚制の克服〉を提起した。私は、溪内謙の「ソ連邦の官僚制――若干の問題整理へのこころみ」（『思想』一九六五年一月号）に学んで、官僚制問題の重要性を知り、それは後年にウェーバーの官僚制論の摂取へと導いてくれた。

一九九九年に「ソ連邦経済の特徴と本質」では、経済について「官僚制指令経済」とした。

二〇〇三年に「『社会』の規定と党主政」では「指令制党主政」と書いた。

二〇〇九年には「ソ連邦論の歴史的射程」で、「試論：党主指令大陸的社会」と書いた。二〇〇〇年に提起した、唯物史観に代わる〈複合史観〉――経済、政治、文化の三つの面・次元から社会を捉える試み――によって文化面での特徴づけも必要と考えたが、ロシアの文化面を「大陸的」とするのが適切なのか、あるいは文化面を無理に表現する必要があるのかは、なお思案中なので、その後は使っていない。「党主」は〈党主政〉の略で、「指令」は「指令経済」の略である。二〇一一年の「誌面批評」では、〈党主指令社会〉と表現した。

ここでは要点だけ整理する。詳しくは前記の諸論文を参照してほしい。

理解が容易いほうからにするが、ソ連邦の経済を「指令経済」と見ることは「計画経済」の四文字しか知らない人は別として、すぐに理解できることである。ロシア研究のいわば第二世代でもっとも信頼できる塩川伸明氏は一九九九年に著した『現存した社会主義』で、経済について「指令経済」[10]と項目を立てて解明している。デーヴィッド・レーンも『国家社会主義の興亡』で「国家的所有、そして程度の差はあるが中央指令経済によって特徴づけられる社会である」[11]と書いている。ソ連邦の経済学者は「計画経済」について「指令」が最重点だと繰り返し説明していた。この問題については、「ソ連邦経済の特徴と本質」で解明した。

ところで、私が一九九七年に「『計画経済』の設定は誤り」で明らかにしたように、マルクスもレーニンさえも「計画経済」という言葉は使っていなかった。この言葉は、一九一九年に誕生したワイマール共和国の経済大臣が使いはじめたのである。だれ一人、このことに触れないのはまことに不思議である。

「党主政」について。この言葉は、二〇〇三年の「『社会』の規定と党主政」で創語した。普通には「（共産）党独裁」が使われているが、「独裁」としないのは、「プロレタリアート独裁」とか「階級独裁」を連想・連接することを避けたかったからである。また、〈民主政〉の対句であることを示したかったからである。「民主主義」よりも〈民主政〉が適切であることは、前者だと「主義・主張」という日常語にも明らかなように、考え方に傾いて理解されやすいからである。そうではなく、「政治制度」であることを明示するためには〈民主政〉がよい。

ソ連邦の一九七七年憲法の第六条には「ソ連邦共産党は、ソヴィエト社会の指導的および嚮導的な力であり、その政治システム、国家組織および社会団体の中核である」と明記されていた。共産党は、憲法上で特別な位置が与えられていたのである。

専門的研究者の例もいくつか上げておこう。

ユーゴスラビア研究の第一人者岩田昌征氏は、ソ連邦崩壊の後に、ソ連邦とユーゴスラビアについて新しく「党社会主義」[12]と命名した。岩田氏は、一九六〇年代に早くもソ連邦を「国権的社会主義」、ユーゴスラビアを「民権的社会主義」と対照的に区別して論じていたが、この区別を取り払って「党」に特徴点を求めることになった。もう一人は法学者の大江泰一郎氏である。大江氏は一九九二年に著わした『ロシア・社会主義・法文化』で「『人権』や『人民主権』を排除して『共産党の指導的役割』を基軸に据えた社会秩序[13]」と特徴づけていた。近年の例をあげれば、下斗米伸夫氏は自著のタイトルに『ソ連＝党が所有した国家』（講談社）を用いている。自然の事物ではなく、関係概念である「国家」を「所有」するというのも妙であるが、国家を主要には共産党が動かしていた事実を反映した表現ではある。さらに、ここでもレーンを借りれば、レーンは「支配的共産党によって管理される社会」と明らかにしている。〈党主政〉が適切であることは余りにも明らかである。

こうして、ソ連邦を〈党主指令社会〉と命名することがもっとも適切なのである。

## むすび――〈社会主義像〉の深化・豊富化へ

第2節で「この問題をめぐる思索と探究は、〈社会主義像〉の深化・豊富化として結実する方向でなされなければならない」と確認した。だから、〈社会主義像〉はどのように深化したかを明らかにしなくてはならないが、すでにいくつかの小論を発表しているので、ここでは、ごく簡単にその要点だけを再説する。

常識的な確認であるが、世界史的には一八世紀に誕生した近代社会は、社会の基礎をなす経済が、主要には「土地の私的所有」と「生産手段の資本家による私的所有」とそれと対をなす労働者の「労働力の商品化」を基軸とする生産関係によって営まれていて、「生産の動機と目的は利潤の取得」にあり、生産物の分配は「価値法則」に貫かれて実現する。政治的には「法の下での万人の平等」を基軸にした〈民主政〉を実現した。日本の現実では、選挙制度の極度の不公平によって〈歪曲民主政〉となっている。

この経済における基軸的な関係を廃棄して〈共同の生産〉を実現することが社会主義の基軸をなす。だから、〈労働者と資本の関係を止揚する〉とも表現できる。

政治的には、従来は、「資本家階級による階級独裁」＊と理解され、「暴力革命」＊によって「プロレタリアート独裁」＊を実現し、さらに「国家の死滅」まで進むとされてきた（＊は三位一体である）。一九六〇年代以降は日本共産党の場合には「暴力革命」を排して議会による「多数者革命」と変更された。だが、私はこの伝統的な通説を誤りとして退け、二〇〇一年に発表した「則法革命こそ活路」で太字で強調したように、「政治の領域では、原理の上で根本的に変革しなければならない内実はなかったのである」と明らかにした。

私は、〈社会主義〉の核心的指標は、「価値法則を止揚する」ことにあると、一九八三年に発表した「社会主義社会への歴史的発展」で明らかにした。この課題はきわめて難儀であり、どのような形態において実現するのか、明確になっているわけでもない。何世紀先に実現するか、誰にも分からないが、この核心を保持・遠望することは、今日なお重要で大切であると、私は確信している。先取りして書くと、〈友愛労働〉に拠る〈協議経済〉によって、「市場」に代わる〈引換場〉、「貨幣」に代わる〈生活カード〉を創出することによって、この遠大な課題は実現する。

方法論について、まずはっきりさせておきたい。一九九八年の「〈協議経済〉の構想」で確認したが、一九六六年に玉野井芳郎がギリシャ神話を引いて印象深く明らかにしていたように[14]、理念像は現実化によってその内容が深化され豊富になってゆく。歴史の経験から学ぶとしてもよい。

まさにこの視点に連接するが、ロシア革命においてもっとも経済学に長けていたプレオブラジェンスキーは一九二六年に著した『新しい経済』で、「マルクスとエンゲルスはどこを探しても、……ソヴィエト経済の発展によって提起される夥しい諸問題について何も述べていない[15]」と明らかにしていた。

そして、プレオブラジェンスキーはこの著作で、「労働の動機」問題を鋭く提起した。何回も引用している〔本書、一二三頁〕ので、「人間性を長期にわたって再教育する[16]」とだけ紹介する。私の読書量など大したものではないが、この文章を引用する例を読んだことがない。私は、この視点を重視して、社会主義における労働は〈友愛労働〉になると、昨年、『友愛社会をめざす』で提起した（二〇〇四年には「愛ある労働」としていた）。〈友愛労働〉こそ、マルクスのいう「疎外された労働」を超える労働の積極的な表現である。

経済の運営にとってもう一つ絶対に欠かせない重要問題が存在する。何をどれだけ生産して、その生産物をどのように分配するかという大問題である。〈経済計算〉とも言う。この問題については、一九二〇年代から国際的規模で「社会主義経済計算論争」が展開されていた。だが、この論争は、日本のマルクス主義経済学においては一貫して知られてこなかった。私は、一九九六年に『原典　社会主義経済計算論争』を編集・刊行して、その解説〔本書に収録〕で、経済計算の不可欠性、分配の重要性、生産と分配の切断、情報公開の必要性、などを指摘した。そして、一九九八年に「〈協議経済〉の構想」を提起した。

「ソ連邦論の歴史的射程」では、〈社会主義〉について〈協議民主多様社会〉と表現した。「協議」は〈協議経済〉を「民主」は〈民主政〉を「多様」は文化の多様性を意味する。別の視点から表現すれば、「誌面批評」に書いたように、〈脱経済成長・豊か精神社会〉〔本書、一〇〇頁〕とも言える。〈脱経済成長〉はより厳密には、今年二月の都知事選挙で細川護熙候補が使った「脱経済成長至上主義」である。

また、経済の不可欠の主要問題として、農業を〈保護産業〉として再生させることが必要である。この問題について、最新著『貧者の一答』の「第Ⅱ部　農業の根源的意義」で明らかにした。

以上は、経済の面に限定されているが、政治の面では前述のように、「原理の上で根本的に変革しなければならない内実はなかったのである」。だから近代社会で誕生した〈民主政〉を充全に実現することが課題なのである。

さらに、私たちは〈民族問題〉という大きな難題にも直面しているが、論及できていない。長砂氏が希求しているように、「従来の『閉鎖的』『自足的』研究を改め」なくてはならない。「社会主義へ討論の文化を！」――忘れられたゴルバチョフの言葉を結びとしたい。

〈注〉

(1)　植木雅俊『仏教、本当の教え――インド、中国、日本の理解と誤解』中公新書、二〇一一年、一六七頁（本書、六七頁、参照）。
(2) ピエール・フランク『第四インターナショナル小史』新時代社、一九七三年、三七頁
(3) トロツキー『裏切られた革命』論創社、一九五九年、二三七頁。現代思潮社版、二五四頁。
(4) デーヴィッド・レーン『国家社会主義の興亡』明石書店、二〇〇七年、一六頁。三三四頁。
(5) 不破哲三「赤旗」二〇一四年六月一二日号。
(6) 不破哲三「赤旗」二〇一三年一一月二二日号。
(7) トロツキー『裏切られた革命』五七頁。現代思潮社版、五六頁。
(8) 村岡到「社会主義社会への歴史的発展」『現代と展望』第九号＝一九八三年六月、第一〇号＝同九月。『岐路に立つ日本共産党』に収録。
(9) トロツキー『裏切られた革命』二三一頁。現代思潮社版、二四八頁。
(10) 塩川伸明『現存した社会主義』勁草書房、一九九九年、一〇九頁。
(11) デーヴィッド・レーン『国家社会主義の興亡』二九頁。
(12) 岩田昌征『現代社会主義・形成と崩壊の論理』日本評論社、一九九三年、「第3章」のタイトル。
(13) 大江泰一郎『ロシア・社会主義・法文化』日本評論社、一九九二年、i頁。
(14) 玉野井芳郎「経済学と社会主義像」。W・リーマン編『比較経済体制論』上、日本評論社、一九六六年、二頁。
(15) プレオブラジェンスキー『新しい経済』現代思潮社、一九六七年、三五頁。
(16) プレオブラジェンスキー『新しい経済』二四一頁。

## 森岡真史論文に答えることが急務
### ――『経済科学通信』の「誌面批評」

二〇年間がどういう意味を持つかは不確定ではあるが、節目ではあるので、この時機に「『ソ連型社会』とは何であったのか」を「未来社会への展望を拓く」とサブタイトルして特集することの意義にまず強く共感する。九つの論文が収録されているが、もっとも刺激的で有意義なのは、森岡真史の論文である。森岡論文の核心は次の点にある。

「一方で生産手段の国有化をめざさないとしながら、他方で、生産手段の私的所有や利潤追求を敵視し、その廃棄の必要を強く示唆するような資本主義批判を説き続けるのは、責任ある態度とは言い難い」。

この指摘は、「生産手段の国有化」を社会主義の特徴とすることを二〇〇四年に綱領上でも放棄した日本共産党をはじめとして「市場社会主義」論が一部で唱えられていることに対する根底的な批判を意味する。「市場社会主義」論者は明確に答えなくてはならない。

私は、文中の後半を保持するがゆえに、前半も保持する立場に立っている。森岡と私との違いはここにある。問題は、「生産手段の国有化」(自治体所有も含む)を実現するプロセスにある。

森岡は、ロシア革命を例にして、「生産手段の私的所有を廃絶し、私的市場を経済から排除する」ことがもたらす問題点を五つ指摘している。いずれも重要な論点である。詳述はできないが、私はいずれの論点についても、森岡とは異なる理解に立っている。一つだけヒントを提示すると、ドイツの哲学者フィヒテは、一七八九年のフランス革命に感激したうえで、国王や貴族をギロチンに掛けるのではなく、再教育によって労働に従事して生きる道を保障しなくてはいけない、労働のための再教育期間は彼らの生存を保障すべきだ、と提起した（『フランス革命論』法政大学出版局、一九八七年、二二八〜二二九頁）。前人未踏の難儀な課題ではあるが、ここまで徹底して〈則法革命〉を実現すれば、ロシア革命のような悲劇は避けることができる。

森岡は、「事前に確定していない人々の欲求を、迅速かつ効率的に充足する方法としては、『利潤のための生産』に代わるものはまだ見出されていない」と書いている。確かにその通りであるが、問題の急所は「迅速かつ効率的」という基準が歴史貫通的に普遍的なのかどうかにある。別言すれば、生産の動機の問題である、経済人類学の知見を引くまでもなく、利潤に頼らない労働・生産の事例は珍しいことではない。生産の動機を労働主体に即して考えれば〈労働の動機〉となるが、私はそれを〈誇りをめぐる競争〉として創造されるべきだと提起している。幸徳秋水が日露戦争の前年に『社会主義真髄』（大河内一男編『現代日本思想大系15』社会主義、筑摩書房、一九六三年）で説いていたことと重なる。

なお、森岡は昨年書いた論文「ポーレの比較経済体制論」で、私の提起について、「生存権の理念を軸に社会主義の理念の再構成をはかる注目すべき試み」(『立命館国際研究』二二—三、立命館大学、二〇一〇年、二四二頁)と評している。

藤岡惇の論文は、未来社会について、「大地への人間の高次回帰」が必要だと主張する。3・11の衝撃によって、〈脱原発〉の方向が歴史的趨勢として明確になってきたなかで、大切な提起と言える。だが、その積極性と、藤岡が新しく説く「国家産業主義」規定とは必ずしも論理的な結びつきや整合性があるとは言えない。藤岡は、田中宏の「国家社会主義」と大西広の「国家資本主義」をともに「プロクルステスの寝台」と退けて、新説を主張するのだが、この二つの「理論」の他にもトロツキズムの「過渡期社会」論などさまざまな見解が提起されてきたのであり、それらの検討をバイパスしてはならない。

芦田文夫の論文は、「『国家』による指令的な計画に替わる新たな社会的統合のあり方」を探る課題がある、と提起している。芦田は「社会主義生成期」論(後述)を巡って、聴濤弘による批判に答えて「社会主義の発展段階規定の一考察」を書いていた(『前衛』一九八三年四月号)。「社会主義生成期」論を丸ごと支持するものではないが、基本的には受容していた。ぜひとも今日の立場からの批判的総括を示してほしかった。

田中宏の論文は、デビッド・レーンの『国家社会主義の興亡』(明石書店、二〇〇七年)に触れている。だが、レーンは「日本語版序文」では「著者の接近が他と異なるもっとも重要な点は、国家社会主義社会を『全体主義』とも『社会主義』とも見ていないことである」と注意している。「『社会主義』とも見ていない」のに、「国家社会主義」と呼称するのはまったく不整合であり、背理である。「馬」と「白い馬」とは確かに異なるが、「鹿」を「白い馬」と見誤ればバカと思われる。なお「参考文献」で、書名を区別が不明なのか『国家資本主義の興亡』と誤記している。

巻頭に位置している「国家資本主義」説を説く大西広の論文は、自説が「通説」になったなどと不確かな「論拠」をあげるところから論じ始めているが、幾重にも誤りである。まず「通説」の意味が「日本のマルクス主義者の間では最大多数の理解」とされているが、「マルクス主義」を別格に扱うことは根本的な錯誤にすぎない。次に「全体の二分の一が『国家資本主義論』になった」ということだが、独断であろう。「ちゃんとした根拠」があるのだというが、やれ「大御所」だとか「前々会長」が主張しているとか、聞くも恥ずかしい権威主義である。特集論文は九つだが、大西論文だけしかこの「通説」を主張していないばかりか、いくつかの論文はこの説を否定している（山本広太郎論文はマルクスの社会主義論に否定的である）。とても「二分の一」には届かない。

「国家資本主義」論について一言すれば、もともとこの見解は、トロツキーの「堕落した労働者国家」論に反対するものとして唱えられていた。ピエール・フランクの『第四インターナショナル小史』によれば「『国家資本主義』の理論は、一〇月革命の後にオットー・バウアーやカール・カウツキーら社会民主主義者によって創唱された」（新時代社、一九七三年、三七頁）。そして第四インター周辺では二〇年代にすでに争点となっていた。ソ連邦崩壊後に主張されるようになった「国家資本主義」論は、長い歴史的な経過をまったく無視している。私は、「国家資本主義」論が再登場した直後からこの見解への批判を加えてきた（「『ソ連邦＝国家資本主義』説は論証されたか」『協議型社会主義の模索』社会評論社、一九九九年）。

この論では、この二〇年間のロシアで国家が主導する資本主義とソ連邦との相違を見分けることができなくなる。

ところで、「空想の翼をどんなに勝手にひろげて見てもマルクスやエンゲルスやレーニンがえがいた労働者国家の輪郭と、今日スターリンを先頭とする現実の国家との間の対照のように、甚だしい対照を想像することは困難であろう」――とはっきりと明言していた革命家が存在していた。トロツキーは、一九三六年に著わした『裏切られた革命』（論創社、一九五九年、五七頁）でこう書いていた。

それから七〇年近く後に、日本共産党は二〇〇四年の第二三回党大会で綱領を改定して、「ソ連〔など〕は社会の実態としては、社会主義とは無縁な人間抑圧型の社会としてその解体を迎えた」という認識にたどりついた。共産党は、一九七七年には「社会主義生成期」論を提起し、上田耕一郎副委員長によって「目から鱗が落ちる」斬新な理論と自画自賛され、共産党系の研究者がかなりの範囲で同調した。この「理論」は、ソ連邦内で起きるさまざまな否定的現象を「生成期」、つまり生まれたばかりだから仕方がないと処理する弁護論にすぎなかった。だから、一九九四年の第二〇回大会であっさりとお蔵入りされることになった。

この「社会主義生成期」論について、特集では誰ひとり触れていないのは問題ではないだろうか。なぜなら、一時期は共産党周辺でのそれこそ「通説」だったからである。

最後に、私の見解を結論だけ記す。私は、二〇〇〇年に「『唯物史観』の根本的検討」（『達帯社会主義への政治理論』五月書房、二〇〇一年）で、「唯物史観に代わる歴史観」として〈複合史観〉を提起したが、この史観からすると、ソ連邦は〈党主指令社会〉と命名することができる。「党主」は「党主政」の略で政治の次元を、「指令」は「指令制」あるいは「指令経済」の略で経済の次元を表わす（『生存権所得』社会評論社、二〇〇九年）。

そして、私は、人類の未来については、〈脱経済成長・豊か精神社会〉として展望している。日本の政治は遥かに遅れている——日本の国会議員中の女性の比率は一二一位である——ので大いに成長しなくてはいけないから、「脱成長」ではなく、〈脱経済成長〉と限定して表現するほうがよい。

# 第Ⅱ部　歴史的反省

勝利したロシア革命はいかなる困難に直面したのか。経済でも法律でも苦難の連続であった。マルクス主義は何を用意していたのか。重畳する諸困難とレーニンのボリシェビキはいかにして格闘したのか。そこから、どのような教訓を引き出すことができるのか。レーニンの限界はどこにあったのか。その限界を突破するカギは何か。

# レーニンの「社会主義」の限界

## はじめに

昨年〔一九九一年〕八月の「世界を震撼させた六日間」の四カ月後にはソ連邦が消滅した。この世界史に大文字で記されるべき激変の意味について語ろうとする者は、自身の歴史観や生きざまについても晒すことになるはずである。私は、モスクワでのクーデターとその失敗の直後に「原罪としてのスターリン主義」を書き、その結びで「〈スターリン主義〉の問題を自らの〈原罪〉として背負い、今日までの社会主義の思想と理論にいかなる見落としがあったのかを真剣に検討する(1)」ことが大切だとし、その「努力を通して〈社会主義の再生〉を闘いとることこそが課せられている」と確認した。本稿は、この課題にせまる一つの試みである。

ひるがえって考えなおすと、一九一七年以降、七〇年余のソ連邦の歩みは〈経済改革の連続〉としてあったと捉えることができる。この視点からその失敗の教訓を掴みだすことがきわめて重要である。そのためには一〇月革命後の経済建設をめぐる問題について知ることが不可欠の前提である。そう考えて、この時期の経済論争の研究に着手してみると、「国家資本主義」という言葉をめぐって、レーニンとトロツキー、ブハーリン、プレオブラジェンスキーとは異なった認識を示していたことにまず気がついた。そして、この認識の相違の背後には〈社会主義〉をいかなるものとして考えるのかというさらに重要な問題がひそんでいた。「国家資本主義」を強調するレーニンは「価値法則」を軽視していたのであり、それはマルクスの未来社会の構想とは大きく相違していた。レーニンの「社会主義」認識に重大な問題があったのではないだろうか。

## 第1節　ロシア革命直後の経済問題

### A　前人未踏の四重の困難

一〇月革命の勝利の後、ボリシェヴィキの指導者とロシアの人民は、なお続く戦争のなかで前人未踏の累積する巨大な困難に直面した。帝国主義列強による包囲と干渉、世界革命の遅延、ロシアの後進性、さらに未知と未経験、この四重の困難に立ち向かわなければならなかった。何をどのように論じるにせよ、この点についてしっかり踏まえることが前提にならなければならない。ごく簡単にではあれ、当時の状況について確認しよう。

一〇月革命当時、ロシアの人口は約一億二〇〇〇万人で、その八〇パーセントは農民であった（農家戸数は二二〇〇万戸）。生産力はアメリカの二二分の一に過ぎず、文盲は六五パーセントにも及んでいた。革命の第一日に「平和に関する布告」を発していたが、イギリスやフランスなどの拒否によってドイツとの単独講和交渉を余儀なくされたソヴィエト政権は、一九一八年三月に、激しい党内論争を経てブレスト・リトフスク講和条約を結んで一息ついたのも束の間であった。この月のうちにイギリスとフランスはロシアに出兵し、日本も四月にシベリアに出兵した。こうして、ソヴィエト政権は、アメリカなども加えた諸列強による干渉と内戦に引き込まれた。二一年になってようやく干渉軍は撤退し、ソヴィエト政権は崩壊を免れ平和が到来した。しかし、I・ドイッチャーが『武力なき予言者トロツキー』でその実態を活写しているように、この革命の国は「分解状態に近いありさまであった[2]」。「内戦の終る頃には、ロシアの国庫収入は一九一三年の収入の僅か三分の一にすぎず、工業は戦前の生産高の五分の一以下の商品を、炭鉱は一〇分の一の石炭を生産しているにすぎなかった」。しかも二一年の春には「史上最悪の飢饉がヴォルガ沿岸の農耕地帯を襲」い、「その年の終りまでには被害者の数は三六〇〇万人に及んだ」。「人肉食の蛮行が再び出現」するほどであった。レーニンは、一九年末には「しらみが社会主義に打ち勝つか、社会主義がしらみに打ち勝つか、どちらかだ[3]」とまで語った。

このような社会の崩壊現象のなかで、ロシアの労働者階級もまた解体されていった。「最盛時にも、大規模な工業に雇われていた労働者の数は三〇〇万人[4]」ほどだったが、内戦の後には「約半数」に減ってしまった。ドイッチャーは「プロレタリア独裁は勝利をおさめたが、プロレタリアートは消滅したに近かった」と書いている。ボリシェヴィキ党の構成にも大きな変化が生じた。

一七年の初頭には二万三〇〇〇人の党員が、一九年には二五万人に、さらに二一年には七〇万人にも急増したが、そのことは当然にも「真正のボリシェヴィキ」の比重の低下、そして党の質の悪化をもたらした。過酷な内戦は、理想に燃え自己犠牲の用意のある古参ボリシェヴィキをまず無慈悲に襲ったであろう。「一七年以前の地下闘争の経験のあるボリシェヴィキは二二年の党員の僅か二パーセント」と報告されている。ジノヴィエフがこの数字をあげた二二年三月のロシア共産党第一一回大会で、労働者反対派のシュリャープニコフは、レーニンにたいして「ウラジーミル・イリイチは昨日、マルクス主義の意味での階級としてのプロレタリアートは〔ロシアには〕存在していないと述べた。存在していない階級の前衛となられたことに祝意を表させていただきたい」と辛辣なやゆを放ったほどである。

この窮境をともかくも乗り越え、その後も幾多の難局をくぐりぬけて、ソヴィエト政権が、内実の変質がいかに深かろうとも一九九一年八月までは連続性を保持しえたことによって、これらの事実を正視し、その意味を深く考えることがなおざりにされてきたと言えるが、私たちは、いま改めて、この事実とそれが何を意味していたのかを深く捉え返えさなければならない。このことだけ確認して、本論に戻ろう。

### B　戦時共産主義から新経済政策へ

ソヴィエト政権は、「土地に関する布告」を発布して地主から農民に土地を配分し、資本家の生産手段を国有化した。ブレスト・リトフスク講和条約を結んだ翌「四月初め、レーニンは、路線変更を宣言した。彼の計画は国有化と収奪を停止し、私的大資本と暫定協定を結ぶことを要求していた」[5]。だが、この穏健路線は六月には再転換され、後に「戦時共産主義」と呼ばれる路線が取られることになる。この時期には、生産手段の国有化は中小資本家にも徹底的に広げられ、労働者の賃金も現物で支給され「配給、徴発、原始的交換がふつうの商業にとって代わった。市場はヤミ市場は別にして消滅した。……貨幣は価値も機能も失った」。ソヴィエト政権は、農民からの強制徴発によって都市の労働者の食糧を確保して、荒廃した工業を再建することを優先する以外に生き延びる道を見いだすことができなかった。窮迫のなかでの強いられた行動を、貨幣経済の即時廃止という急進主義的ユートピアの実現と錯覚することもできたが[6]、この乱暴なやり方はすぐに行き詰まることになった。強制徴発にたいして、農民は反発し、反乱を起こしたからである。そのピークは一九年に起きたアナーキストのネストル・マフノに率いられたウクライナでの農民反乱である。徴発が減れば、都市の労働者への配給も削減することになり、労働者はストライキに立ちあがった。二一年三月にはクロンシュタット海軍基地で水兵と労働者が反乱を起こした。

クロンシュタット反乱と時を同じく開催されていたロシア共産党第一〇回大会で、なお反乱が続いている最中に、「新経済政策＝ネップ」が決定され、導入されることになった。周知のように、ネップとは、農民からの強制徴発を止め、その代わりに現物税（通貨が再建された二四年からは貨幣税）を取り、残りの農産物を農民が市場で売る自由を認める政策である。私的な商業と小規模工業を認めるように転換したのである（トロツキーは一年前の二月に政治局で現物税を提起していたが、この時はレーニンらの反対で否決されていた[7]）。

レーニンは、ネップを打ちだした時、「商業の自由とは資本主義への後退を意味する[8]」と認め、「割当徴発は『理想』ではなく、苦い悲しむべき必要である。逆の見解は危険な誤りである[9]」と書き、「食糧税は、極度の窮乏と荒廃と戦争によって余儀なくされた独特の『戦時共産主義』から、正しい社会主義的な生産物交換へ移行する形態の一つである[10]」と位置づけた（結論を先取りして注意しておくと、レーニンはこの「正しい社会主義的な生産物交換」の中身については一言も説明していない）。この新しい政策によって、農村の生産は回復し、商業も盛んになった。「ネップマン」（私的商人）と呼ばれるにわか成金も群生することになった。G・ボッファによれば「大工業の生産高は一九二四年には戦前（一三年）の水準の五〇パーセントまで回復し、二七年にはこれを越えるにいたった[11]」。このネップの時期は、二七年まで七年間持続した（二八〜二九年に、スターリンが農業の集団化を軸とする上からの「偉大な転換」を強行して、その後スターリン主義体制が形成された）。

このように、一〇月革命後の最初の一〇年は、重畳する巨大な困難のなかでのいわば手さぐりの悪戦苦闘の連続であった。そこでのもっとも中心をなす問題は、遅れた農業国においていかにして工業の発展を実現するかにあり、農民（農業）との関係をいかなるものとして創りだしてゆくかにあった。だが、S・F・コーエンが『ブハーリンとボリシェヴィキ革命』で指摘しているように「ボリシェヴィキが権力獲得以前に経済的プログラムについて考えていなかった[12]」がゆえに、困難な問題に直面するたびに、その解決策をめぐってボリシェヴィキは激しい論争を惹起した。R・ダニエルズは「経済政策論争の全体を通じて、その根底にはどのようにして、またどの程度の速度で国の工業化を行うべきかという中心問題が横たわっていた[13]」と明らかにしている。コーエンは「ネップは党史における大論争期であり、この時期にボリシェヴィキ革命の進路とソヴィエト社会のむかう方向性、そして個々のボリシェヴィキ指導者の運命とが決せられたのである[14]」と明らかにしている。

なお、この数年間におけるレーニンの活動状態について見ておくと、一八年八月末に、レーニンは、ブレスト・リトフスク講和条約の破棄などを要求する左翼エスエル党員によって狙撃されて受傷した。二二年の正月から六週間の休暇を取り、四月には体内に残されていた銃弾の摘出手術を受けた。五月末にレーニンは最初の発作に襲われ、一〇月には保養地からモスクワに帰り、一一月にコミンテルン第四回大会で報告に立ったが、一二月に二度目の発作に襲われ、死の床で「遺書」を口述した。翌年一二月には「協同組合について」など五つの論文を口述したが、再びその頭脳を働かせることはなく、二四年一月二一日、五三歳で永眠した。

## 第2節　「国家資本主義」めぐる意見の相違

### A　コミンテルン第四回大会での相違

まず、ネップの導入から一年半が経過したあとに開かれたコミンテルン第四回大会における レーニンとトロツキーの報告に目を止めてみよう。コミンテルン第四回大会は、二二年一一月五日から一二月五日までモスクワで開催された。この大会はレーニンが出席した最後の大会となったが、レーニンは一一月一三日に「ロシア革命の五カ年と世界革命の展望」と題して報告した。前年のコミンテルン第三回大会の「決議はあまりにロシア的である」[15]と反省し、新たな「学習」を強く呼びかけたことで有名なこの報告のなかで、レーニンは一九カ月前に導入した「『新経済政策』の問題だけをとりあげ」、「国家資本主義」についてつぎのように持論を再説した。

「国家査本主義は、わがソヴィエト共和国の現状（すなわち当時の状態）に比べると、一歩前進であろう。もし、およそ半年後にわが国に国家資本主義が打ちたてられるとすれば、それは大成功であり、一年後にわが国で社会主義が最終的に確立され不敗となるであろうということの、もっとも確実な保障となるであろう」。

翌日、トロツキーは、「ソヴィエト・ロシアの新経済政策と世界革命の展望」と題して報告した。この報告についてはドイッチャーは「ソヴィエト経済史上でも最も重要な文書に数えられる」[16]と高く評価しているし、塩川伸明は「ネップを最も力をこめて擁護した」[17]と書いている。そこでトロツキーは、「国家資本主義」についてつぎのように語った。

「社会民主主義者は、ソヴィエト権力の資本主義への架空の『降伏』なるものを……陳腐な表現から——しばしばわが国の経済に関して用いられている『国家資本主義』という用語から引き出した。私はこの用語が正確でもなければ適切でも全然ないと思う」[18]。トロツキーのこの説明は、前日のレーニンの先に引用した説明とまったくニュアンスが違うというよりは、正反対の評価と言うべきではないだろうか。トロツキーは、レーニンの「国家資本主義」についての説明をどのように理解していたのだろうか。実は、トロツキーはさらに言葉を続けていた。「同志レーニンは、すでに彼の報告のなかで、この用語を引用符に入れて使う必要を、つまりこれを最大限慎重に使う必要性を強調した。これは極めて必要不可欠な指図である」。

この「彼の報告」は前日の報告のことだと考えられるが、レーニン全集にはそういう「指図」はまったくない。レーニンがトロツキーの言うように報告で述べたのか否か、専門家に調べてほしいが、ともかく「国家資本主義」をめぐって、レーニンとトロツキーとのあいだに重大な理解の相違があったことを、コミンテルン第四回大会での両人の公刊されている報告は示していたのである。この点を指摘した論述に接したことはないが、この相違には重要な意味が隠されていたのではないだろうか。またそのことに気がつかなかった従来の研究には重大な見落としがあったのではないだろうか。レーニンは「国家資本主義」をどのように理解していたのだろうか。

### B　レーニンの「国家資本主義」理解

「国家資本主義」という言葉をめぐっては、もっと前から第一次世界大戦の時期に、ブハーリンとレーニンとの間で応酬があった。このことについては、和田春樹が克明に明らかにしているので、そこから要点だけを学ぶことにする。

第一次世界大戦の激震のなかで、ブハーリンは、一九一五年に「世界経済と帝国主義」を執筆して、そこで初めて「国家資本主義トラスト」という言葉を使って、この視点を軸に分析した。だが、当時はヘーゲルを研究していたレーニンは、帝国主義論を書くことにしたあとも、和田によれば、「明らかに、ブハーリン理論の核心である『国家資本主義トラスト』論には反対であって、戦時経済、『国家資本主義』問題には無関心であった」[19]。ブハーリンが書いた論文の雑誌への掲載問題をめぐる両人の応酬も興味深いが、そこは飛ばして、当初、ブハーリンに反発していた「レーニンは、ブハーリン論文に対する態度を変えるにいたる。まず『国家資本主義』に対する重視への転換である」。

だが、この時、レーニンは「同時に、国家資本主義にブハーリンとはまったく異なった意義を付与した」。「レヴァイアサン」として国家を把握し、戦争に突入した「国家資本主義に恐怖と嫌悪を感じている悲観論者ブハーリンとは決定的」に異なって、レーニンは「戦争中に形成された国家資本主義が社会主義の現実的成熟と可能性を示しているものであり、社会主義への道は国家資本主義を通るものだとみたのである」。つまり、国家にたいする感じ方、理解が全く逆だったのである。

このような経過も経て、レーニンは一八年五月にブレスト・リトフスク講和条約に反対するブハーリンなどの共産党左派の雑誌への批判のために「『左翼的』な児戯と小ブルジョア性について」

を書いた。この論文は、ネップを導入するときの「食糧税について」でも引用されたし、コミンテルン第四回大会でも「われわれが今よりも少し愚かであった」と反省しながらも積極的に引用された（前出）。その要旨を確認しておこう。

レーニンは、「現在は退却し、戦闘を避けること」[20]だと主張し、つぎのように書いた。すでに前項で引用しているがもう一度引いておく。

「だが、彼らは国家資本主義がわがソヴィエト共和国の現状にくらべると、一歩前進であろうということを考えもしなかった。もし、およそ半年後に、わが国に国家資本主義がうちたてられるとしたら、それは大成功であり、一年後にわが国で社会主義が最終的に確立され、不敗となるであろうということの、もっとも確実な保障となるであろう」。

レーニンは、「ロシアに現存するいろいろな社会＝経済制度の諸要素とは、いったいどういうものであろうか」と問い、「ここに問題の核心がある」として、五つの「要素を列挙」する。「①家父長的な、すなわちいちじるしい程度に現物的な農民経済、②小商品生産、③私経営的資本主義、④国家資本主義、⑤社会主義」の五つである。

レーニンは、「国家資本主義」についてさらに「第一」に「われわれの現在の経済よりも、経済的にいって、比較にならないほど高度なものである」。「第二に、そこには、ソヴィエト権力にとっておそろしいものはなにもない。というのは、ソヴィエト国家は労働者と貧農との権力が確保されている国家だからである」とも書く。そして、「国家資本主義のもっとも具体的な例」としてドイツをあげる。

レーニンは、さらに一七年九月に発行した「さしせまる破局、それとどう闘うか」のなかで「国家独占資本主義」について書いた部分を引用する。

「社会主義は、国家独占資本主義からのつぎの一歩前進にほかならない。……国家独占資本主義は、社会主義のためのもっとも完全な物質的準備であり、社会主義の入口であ」る。

レーニンは引用にさいして省略しているが、「破局」論文の中略部分には「社会主義とは、全人民の利益を目指すようになった、そしてそのかぎりで資本主義的独占でなくなった、国家資本主義的独占にほかならないのである[21]」とまで書いていた。また、ここでは、何のことわりもなく「国家資本主義」と「国家独占資本主義」が同一視されている。いうまでもなく、この「入口」論は、同年春に刊行した『帝国主義論』の「序言」での有名な「帝国主義は社会主義革命の前夜である」と同じ思考である。

レーニンは、この一八年五月の論文の一〇日前にも全ロシア中央執行委員会の会議で報告し、「国家資本主義がわれわれにとって一歩前進である[22]」と語り、「国家資本主義の発展だけが、記帳と統制の仕事を慎重にうちたてることだけが、きわめて厳格な組織と労働規律だけが、われわれを社会主義へみちびくであろう。だが、それなしには、社会主義は存在しない」と強調していた。

レーニンの主張にたいして、ブハーリンなど共産党左派は批判を加えた。だが、共産党左派の批判は邦訳文献がないようなので、次項では、この時期の代表的な著作を取り上げる。その前に、以上に引いたレーニンの理論の特徴を摘出しておこう。

第一の特徴は、対象の把握が機能的・実体的であって、本質的ではない。ものごとを関係において捉える方法を取っていないことである。

第二の特徴は、当面の実際的な必要性（あるいは可能性）というレベルにおいてのみ問題が論じられている(23)。

第三の特徴は、国家について、それを何か中立的な道具のように捉えていることである。

これらの特徴については、さらに独立したテーマとして掘り下げた追究が必要であろうが、先を急ごう。

## C　『過渡期経済論』とレーニンの『評注』

ブハーリンは、レーニンより八歳年少でレーニンによって有名な「遺書」のなかで「党の最も貴重な、また最大の理論家であるだけでなく、全党の寵児と正当にもみなされている」と評された。レーニンの死後、二五年にスターリンの側に立つ前は共産党左派に位置しており、一九年一〇月にはプレオブラジェンスキーと共著『共産主義のＡＢＣ』を刊行していた。翌二〇年五月にブハーリンは『過渡期経済論』を刊行した。日本語版の訳者救仁郷繁が「訳者あとがき」で書いているように、この著作は「過渡期経済に関する分析としては初めて系統だった形で書かれた」ものである。ブハーリンは「はしがき」で「内乱の焼跡の煙と爆裂音のなかで」書いたと述べている。レーニンはこの月のうちにこの著作の「評注」を書き、その末尾で「すばらしい労作」と讃えた。レーニンの「評注」は長く秘匿され、スターリンがブハーリンと対立しブハーリンを追い落とした後、二九年に初めて公刊されたが、レーニン全集には収録されていない。この二著の意義や内容、さらに扱われ方については、前記の救仁郷の「訳者あとがき」や後者『ブハーリン著『過渡期経済論』評注』の対馬忠行の「解説」に譲って、ここでは「国家資本主義」についてだけ検討する。

ブハーリンは、「国家資本主義トラスト」（「初めて使ったのは」自分であることを注記）についての説明を軸に「戦争と資本主義的生産関係の組織化」の結果としての「国家資本主義」の特徴を解明し（三章まで）、「第四章　共産主義建設の一般的前提」以下、「第一一章　世界革命の過程と世界共産主義体制」まで「過渡期」の問題を論じている。「国家資本主義」についてブハーリンが論述したり言及している部分と、レーニンが『評注』でそれらをどのように扱っているかを対照すると両者の傾向がはっきりするが、まず第五章について取り上げる。

ブハーリンは、「第五章　社会的転形過程における都市と農村」で「農業における国家資本主義」について「国家資本主義の時代における都市と農村との結合」[24]の「三種」を分析し、「新しい均衡の一般的な型は、国家資本主義体制の条件下における均衡の裏返し（弁証法的否定）の型とならざるをえない」と結論しているが、レーニンは前者には注意しているが、[25]「国家資本主義」を「否定」する後者には目を止めない。

ブハーリンとレーニンとの相違をもっともはっきりと示しているのは、「第七章　過渡期の一般的組織形態」のつぎの部分である。ブハーリンは「国家資本主義」と柱を立てて「国家資本主義」を説明したうえで、つぎのように書いた。

「国家資本主義は、ブルジョア国家と資本主義的トラストとの癒着であるから、プロレタリアートの独裁のもとでは『国家資本主義』のようなものが問題になりえないことは明白であり、プロレタリアート独裁はこの種の可能性を原則的に排除する[26]」。

さらに、ブハーリンは、この部分に注を付けて「明白だと思われるこの思想が、多くの同志諸君には不明確となっている」と書き加え、ある同志の「今やわれわれが通過しつつある準備段階、すなわち国家資本主義の段階（!!）においてさえ、労働者はそれと同時に生産の主人となっている」という文章を引用し、「もちろん、これは誰にも理解できない。こんな奇妙な体制は、乾いた水というのと異なるところがない」とまで批判している。

これは、紛れもなく明確な、強い調子の、レーニンの「国家資本主義」理解への批判である。ところで、レーニンはこの部分にどのような評注を加えたのだろうか。激しい言葉を予想して当然であるが、なんと、レーニンはブハーリンが付けた注はまったく無視し、初めの二つの「国家」に二本下線を引き、「国家資本主義」までの欄外にも二本線を引き、「これは同義反復だ[27]」と！マークもなしに一言書いただけである（その前の部分については、レーニンは「この国家資本主義の定義……はとても正確なものとはいえまい」と評している）。しかし、何が同義反復なのだろうか。ケチつけにすぎない。本当なら「国家資本主義は現に存在する！」とでも反撃すべきであろう。レーニンにもブハーリンが引用したような文章があるか否かは分からないが、レーニンの「国家資本主義」の説明がこういう理解を誘発し許すことになっていた事実は記憶しておく必要がある。

その後、二一年三月にロシァ共産党第一〇回大会でネップへの転換が決定され、二二年三月には第一一回党大会が開かれた。レーニンは、ネップへの転換にさいして「食糧税について」などで、転換の必要性とその内容・意義について説明した。そこで、レーニンは、戦時共産主義の時期にはお蔵入りしていた「国家資本主義」を再び取り出した。すでに触れたように、レーニンは自身の一八年の論文を長く引用して、五つの「社会＝経済制度」をあげ、「国家資本主義は一歩前進である」と強調している。第一一回党大会では、プレオブラジェンスキーとオシンスキーが、レーニンの「国家資本主義」の説明に批判を加えた。残念ながらそれらの意見は邦訳されておらず、私には分からないが、レーニンによれば、プレオブラジェンスキーは「国家資本主義は国家資本主義である。そうとしか理解できないし、そう理解しなければならない(28)」と批判した（ブハーリンは大会を欠席した）。このころブハーリンは「新経済政策への移行は、われわれの幻想の崩壊を意味していた(29)」と語った。

これらレーニンと共産党左派の相違については、コーエンも明らかにしているし、他の論者も触れているが、彼らは、「国家資本主義」に焦点を当ててその相違の意味を深く探ろうとはしていない（例外的に、プレオブラジェンスキーの論文をドイツ語で編集した著作に「序言」を書いたベルント・ラベールなる、同書『社会主義とは何か』の訳者木村武司も不明という人物は、レーニンが「国家資本主義」

を肯定的に捉えたことの意味について考察し、そのことを「社会民主主義の綱領に後戻りした[30]」と批判している。ラベールは、不正確ながらレーニンとブハーリンとプレオブラジェンスキーとの関係にも触れている)。その相違が何を意味していたのかについて探る前に、もう一つ明らかにしておくべきことがある。

## 第3節 「社会主義的原始的蓄積」めぐる相違

### A 「子供の遊び」と評したレーニン

一九二〇年代の経済論争のなかで一つの重要な論点になったもう一つの言葉があった。民主集権派の指導者でゴスプランの職員のスミルノフが最初に使い出した「社会主義的原始的蓄積」なる用語である。ブハーリンは、『過渡期経済論』のなかでスミルノフから引いて「社会主義的原始的蓄積」を肯定的に使った。これにたいして、レーニンは、『評注』で「きわめてまずい。大人の使った用語をまねる子供の遊び[31]」と評した。

だが、「社会主義的原始的蓄積」は、R・ダニエルズが明らかにしているように、二〇年代前半の「左翼反対派の経済綱領において基本的な要素の一つとなった[32]」のである。トロツキーは先にみたコミンテルン第四回大会での報告でも使っているし、二三年四月のロシア共産党第一二回大会(レーニンが初めて欠席した)での「工業報告」では最後の節をこの用語で表示し、「われわれは、社会主義的原始的蓄積の段階を通過しようとしている。この的確な表現は……[33]」と強調している。さらに、次項でみるようにプレオブラジェンスキーがこの考え方に明確な意義を与えて強調した。二六年にブハーリンは、レーニンの『評注』のこの部分だけ引用して、その時期には論敵の関係になっていたプレオブラジェンスキーを批判するために虎の威を借りた。これに応えてプレオブラジェンスキーはこの用語が使われた時期を問題にして、レーニンの批判は自分には当らないと釈明した経過があるが、それはともかく、「社会主義的原始的蓄積」用語をめぐっても、レーニンとプレオブラジェンスキーやトロッキーらとの間に、大きな相違があったのである。

「社会主義的原始的蓄積」用語をめぐる、レーニンとプレオブラジェンスキーとの相違については、対馬忠行も前出の「解説」で触れているが、彼はレーニンに従って「たしかに『きわめてまずい』だろう[34]」と書き、さらに「レーニンの批判は、ブハーリンが利用したように用語以上のものであろうか?」と、この相違を抹殺する方向で説明している。一一年後に上島武も「工業化論争とトロツキー」で「レーニンがこの用語に批判的であったことはよく知られている[35]」と確認しているが、上島はすぐに言葉をつないで「しかし、あくまで用語上のことであ」るとし、ドイッチャーから「社会主義的原始的蓄積の主張は、その段階〔コミンテルン第四回大会当時〕では政治局内では反対をうけなかった」という評価を借りて済まし、その相違の意味を探ろうとはしていない。確かに、上島が言うように、「これが大問題となったのは、〔レーニン没後に〕プレオブラジェンスキーが新たに体系的な意義を与えてからであ」る。しかし、上島はそこまで紹介していないが、レーニンは「子供の遊び」と酷評したのであり、ブハーリンの非理論的な狙いとは別に、この相違には意味はなかったのだろうか。

「社会主義的原始的蓄積」の意味については、すぐ後で確認するが、それら二つの言葉を聞いたときの印象というレベルで言えば、私は「社会主義的原始的蓄積」のほうが「国家資本主義」よりも言葉の紛らわしさは少ないと考える。レーニンは、それまでは資本主義に関して使われていた「国家資本主義」用語を労働者国家が成立したあとの事態に関して別の意味も込めながら用いているのであり、この言葉使いのほうが紛らわしい。M・レヴィンは『レーニンの最後の闘争』で「国家資本主義という曖昧な理論[36]」と評している。レーニンの『協同組合論』を編集した岡田進は、その解説で「レーニンの国家資本主義の概念」について「二様の意味に用いている[37]」と書いているが、同じ言葉に「二様の意味」を与えるほうがややこしい。少なくとも「国家資本主義」に新しい意味をもたせるくらいなら、「社会主義的原始的蓄積」を拒絶することはない。それなのに何故レーニンは、「社会主義的原始的蓄積」のほうは拒絶したのだろうか。謎を解く鍵は、二つの言葉にたいする彼らの対応をセットとしてみることにある。

「国家資本主義」に親和的だったレーニンが「社会主義的原始的蓄積」を拒絶したことと、「社会主義的原始的蓄積」に親和的だったトロツキーやプレオブラジェンスキーやブハーリンが「国家資本主義」に拒絶的だったことは偶然ではなく、内的なつながりがあると考えるべきである。「国家資本主義」用語と「社会主義的原始的蓄積」用語とは待遇だったのである。いずれの言葉に親和的だったのかは、その人の或る志向性の違いを意味していたのではないだろうか。「国家資本主義」については、すでに明らかにしたので、「社会主義的原始的蓄積」について、プレオブラジェンスキーによって、この概念は何を明らかにしようとしたのかを確認しよう。

### B　「社会主義的原始的蓄積」の意義

プレオブラジェンスキーは、ブハーリンより二歳年上の革命家でもあり経済学者でもあった。ドイッチャーは「彼は理論家で、恐らく最も独創的なボリシェヴィキ経済学者であったろう[38]」と評している。共産主義アカデミー幹部会員にも選ばれていたプレオブラジェンスキーは、同アカデミーの『通報』に経済論文をいくつも発表しており、二六年に『新しい経済』を刊行した。プレオブラジェンスキーとこの著作については、訳者の救仁郷繁の「訳者あとがき」を見てほしいが、この著作の「初版序文」でプレオブラジェンスキーは「社会主義的原始的蓄積法則は、私が定式化し、これを本書でさらに完全に確立したもの[39]」と書いている。

プレオブラジェンスキーは、「初版序文」の最後で「ソヴィエト経済に関する真摯な理論的研究の実践的意義について」、「価値法則」の歴史的な役割との関係から「プロレタリアート国営経済」においては「予見が全く特別の役割を果たす」ことを指摘し、「理論こそが、計画的指導の面における科学的予見をすべての関係当事者に保障する、真正の、最も民主的な唯一の手段である」と強調する。

プレオブラジェンスキーは、彼らが直面していた現実とその課題をつぎのように定めている。「経済戦線においては全世界経済を相手にして、わが国の工業化を急げというスローガンのもとに、労働者階級が英雄的な一〇月革命闘争を続けなければならない時期なのだ」。この「社会主義的原始的蓄積期においては、農村および手工業の剰余生産物の一部を収用することなしには……国営経済の運営が不可能である」。

そしてこの時期においては「ソヴィエト経済における経済均衡は、相対立する二つの法則——価値法則と社会主義的原始的蓄積法則——の闘争を基礎として形成されている」——これこそが、プレオブラジェンスキーが独自に解明し強調した核心であった。

プレオブラジェンスキーはこの時期の長さや法則の歴史的限定性についても同時につぎの点も指摘している。

「資本主義から社会主義への過渡期」は「何十年も続くであろう」。プレオブラジェンスキーは「四〇年」とも書き、ブハーリンへの反論ではロシアでは「信じがたいほど長期にわたり、信じがたいほど緩慢なものであろう」とも書いている。

「社会主義的原始的蓄積法則は、わが社会主義の立ち遅れ克服法則であり、わが国営経済が技術的経済的に資本主義に対してまだ優勢でない発展期においてのみ、この法則が作用するのである」。

「社会主義的原始的蓄積法則に関する私の全理論構成が、まず何よりもこの国の農民的性格そのものから出発している」。

プレオブラジェンスキーがこのように過渡期の経済問題を解明する前提には、もう一つけっして見落としてはならない重要な前提、あるいは明確な目標があった。それは、本書でそれこそ頻回に出てくる「価値法則」の理解にかかわる問題である。プレオブラジェンスキーは、マルクスやエンゲルスに立脚し、引用もしながら明確に確認している。

「価値法則を商品経済の調整力とし、商品経済とともに消滅するものとする考えを支持する」。

「価値法則〔は〕資本主義機構の自己調節の法則」である。

「価値法則は……商品生産の最高形態たる資本主義的生産の根本法則である」〔エンゲルス『反デューリング論』から〕。

「資本主義的生産の推進力は利潤追求であり、その調整力は価値法則である」。

このように、プレオブラジェンスキーが「価値法則と社会主義的原始的蓄積法則との闘争」を明確にし強調したのは、「資本主義的生産の根本法則である」「価値法則」を「消滅」させることをこそ目標にしていたからなのである。したがって、プレオブラジェンスキーは、「社会主義的な労働刺激は、天から降ってくるものものではなく、……集団的な生産関係の精神で長期にわたって再教育する方法によって発展させる必要がある」(40)とも明らかにしている。彼は、この立場から農業国であるロシアの現実にふまえて「社会主義的原始的蓄積法則」を明らかにしたのである。

従来の諸研究では、このこのもっとも肝腎な点をしっかり確認することなく、そこをバイパスしたうえで、「社会主義的原始的蓄積法則」の妥当性や、ブハーリン、トロツキーの理論との遠近関係の解明にのみ偏っていたのではないだろうか。社会主義をめざすという実践的立場の有無・強弱がそこには反映している。本稿では、これらの点には立ち入らないが、〈価値法則の揚棄〉という強烈な問題意識に貫かれていればこそ、プレオブラジェンスキーの『新しい経済』は、ドイッチャーのつぎの評言を得ることができたのである。プレオブラジェンスキーは「マルクスの『資本論』の〝諸範疇〟をソヴィエト経済に初めて真剣に適用した。これに匹敵する企ては現在もまだ現れていない(41)」。

なお、プレオブラジェンスキーは、ソヴィエト経済について「『国家資本主義』という用語で呼ぶことが、果たして正しいか否かという問題は、われわれの分析が進むにつれて、おのずから解決することになる(42)」とだけ書いている。すでに反トロツキー・キャンペーンが展開されていた状況下で、恐らくレーニンと鋭角的に対立することを避ける心理が働いたのであろう。

## 第4節　価値法則をいかにとらえるか

### A　レーニンにおける「価値法則」の不在

「国家資本主義」を「一歩前進」と強調するレーニンと、「社会主義的原始的蓄積」を明確にするプレオブラジェンスキーとの対比を通して、〈価値法則の揚棄〉という視点の重要性が改めて浮かびあがってきた。この地点に立って、レーニンのこの時期の論文や報告などを読みかえしてみると、私たちは、つぎのことに気がつく。レーニンは、〈価値法則の揚棄〉には全くふれていないこと、これである。レーニンは、「価値法則」と一度も書いたり、語ったりしてはいないのである。これまで、このことに注意して指摘した論者はいないようであるが、これは極めて重要ではないだろうか。

レーニン全集を精査する余裕はとてもないから、この時期の巻に目を通しただけであるが、別巻の索引をみると、「価値法則」の項にはわずか一二カ所があがっているに過ぎない。(43) この一二カ所を調べてみると、さらに驚くべき事実を知ることになる。その内の七カ所は一八九三年から一九〇〇年までの最初期のものであるが、実は「価値法則」と書いてあるのはたった一カ所である。それも「恐慌が価値法則をすこしでもやぶるものではない」という一句である。他は「競争の法則」とか「均衡の法則」とか「実現の法則」と書いてあるところを、全集の編集者が無理に捜し出して指示しているだけである。一九〇〇年の大作『ロシアにおける資本主義の発展』も指示されているが、そのページには『資本論』が引用されているが、「価値法則」とは書かれていない。

残りの五カ所の内の四カ所は一四年にストルーベを批判した「またしても社会主義の粉砕」であるが、「価格は価値法則の現れである」というあまり意味があるとは思えない文句しかない。最後は、同年夏の「カール・マルクス」であるが、ここでは「『資本論』第三巻では、平均利潤率の形成問題が価値法則にもとづいて解決されている」と書いてあるだけである。索引の製作者は、「競争の法則」などまで「価値法則」に入れる位だから、おそらく全集にはこれ以外にはないのであろう。ということは、『帝国主義論』でも、レーニンは「価値法則」なしに済ませていたということである。つまり、レーニンは「価値法則」を軽視し、その重要性を全く認識していなかったのである！〈レーニンにおける「価値法則」の不在〉と言っても許されるであろう。これは驚くべき事実ではないだろうか。少なくとも、「価値法則」を資本主義経済の分析と批判にとって重要な核心と考えている者にとっては看過しえない問題でなければならない。このことについては「小括」で明らかにするが、その前に、「価値法則」の重要性については強調しながら、〈レーニンにおける「価値法則」の不在〉には気づくことができなかった例を見ておこう。

## B　対馬忠行とトニー・クリフの場合

「価値法則」をいかなるものとして理解するかについても今日までさまざまな説があることは周知のことではあるが、この視点からレーニンの経済学やマルクス主義経済学の研究を広い視野で見渡すことは、専門家にまかせるほかないので、ここでは本稿のテーマに関説する範囲で対馬忠行とトニー・クリフを取り上げよう。

対馬は、戦前からの労農派の理論家で、戦後はいち早くトロツキー理論の紹介者として文筆活動をつづけ、スターリン主義批判をテーマにした著作も少なくない。すでにレーニンの『ブハーリン著『過渡期経済論』評注』の「解説」については第2節で取り上げたが、そこでも、プレオブラジェンスキーも引用していたエンゲルスの周知の命題――「価値法則は資本主義的生産の根本法則である」を確認している。そして「ブハーリンもレーニンも過渡期では価値法則はまだ死滅せず、ただ弱化することを説いている[44]」と書いている。確かにブハーリンは、このように書いているが、レーニンは書いていない。だから、対馬はレーニンからの引用を示すことはできない。対馬が引用しているのは、ブハーリンが「プロレタリア独裁体制の下では、『労働者』は、社会的労働の割前は受け取るが、賃金は受け取らない」と書いたところに、レーニンが「正しい！……」と評した部分である。この部分は、対馬が強調するように極めて重要なところであることは共通認識にしなければならないし、この理解を明確に表現すれば、当然にも〈価値法則の揚棄〉と結びつくことにならざるをえない（だから、ブハーリンは「価値法則の滅亡」と明らかにしている）。しかし、繰り返すことになるが、レーニンは「価値法則」についてはこの時期には全く言及していない。

対馬と全く同じ思い込みは、佐々木洋も犯している。佐々木は、中野徹三ら編の『スターリン問題研究序説』で「スターリン主義と『トロツキイ問題』」を書いているが、「商品＝貨幣関係を止揚する展望[45]」の重要性を確認したうえで、「レーニンと同じく、彼〔トロツキー〕にとっても、……価値法則が止揚され……」と扱っている。佐々木の場合は、レーニンが二一年に「金《きん》の共同便所」について夢想したことをあげて、レーニンがあたかも「価値法則の揚棄」と書いていたかに論述をすすめている。

また、イギリスの「トロツキスト」トニー・クリフは、『ロシア＝官僚制国家資本主義論』で、「マルクスの価値法則」についての章を設け、詳細に論じているが、ロシアでは「その当時、ソヴィエト経済学者は異口同音に、価値法則は社会主義において存在するかどうかという問題には否定的に答えた[46]」と、二、三の例をあげて書いたあとで、「一九四三年にいたって一発の爆弾が落された」と強調して、党の理論機関紙に「社会主義社会における価値法則の作用を否定すること」を「根本的誤謬」とする無署名の見解が現れたことを特記している（対馬もクリフに習って指摘している[47]）。しかし、そこまで強調するのであれば、レーニンが「価値法則」に触れないことについても当然にも言及すべきであろう。この時の「爆弾」は、見方によっては、レーニンによって前から敷設されていたと言うこともできるからである。少なくとも、もし、レーニンが彼一流のしつこさで、〈価値法則の揚棄〉について書き残していれば、スターリン主義者も先の主張にブレーキをかけられたであろう。今日でも、講座派系の研究者が「価値法則」の意義を軽視しているのは、この流れゆえである。

## 小括

以上で明らかにしたように、私たちは、「国家資本主義」用語をめぐるレーニンとブハーリン、トロツキー、プレオプラジェンスキーとの理解の相違を糸口にして、それが「社会主義的原始的蓄積」をめぐる理解の相違とも重なり、さらにその根底には「価値法則」についてレーニンの認識の欠落が伏在していたことを突き止めることができた。従来だれからも指摘されていないこの重大な認識は、さらに大きな問題へと連なっているが、本稿では、残された課題を確認するだけにしよう。

## A　レーニンの「社会主義論」の検討を

革命の直後に「国家資本主義」を強調したレーニンは、「価値法則」を一貫して軽視していたのであり、後者は前者の前提であった。レーニンは「社会主義」をいかなるものとして考えていたのであろうか。つぎに問われるべきは、「ソヴィト権力プラス電化[48]」をスローガンとしたレーニンの「社会主義論」である。

さて、ソ連邦や東欧の近年の激動の前からも、確かにレーニンの理論については、とくに国家論や唯物史観の領域ではさまざまに限界や誤りが指摘され、論じられてきた。つい最近も従来からレーニンの国家論の限界を鋭く批判してきた大藪龍介は、新著『国家と民主主義』で「レーニンの民主主義」を正面に据えて考察し「全般的な国家主義的傾向がレーニンの所論には貫流していた[49]」と問題点をえぐりだしている。また、すでに第2節で学んだ和田がその論文で、第一次大戦期における、「国家資本主義」の理解をめぐるレーニンとブハーリンとの相違を明らかにしたあとで「レーニンはここで、ボリシェヴィキの社会主義観を根本的に修正したともいっていい」[50]と控え目ながら書いていたことも紹介しておかなければならない。国家論に視点を設定しているこの論文では、それ以上の論及はひかえているが、この指摘はきわめて重大なヒントになりうる。「ボリシェヴィキの社会主義観」とは何であり、その「根本的な修正」とは何であったのか、〈マルクスの社会主義観〉との異同はどうなのか。問題はこのように立てられ深められなければならなかったのである。

この認識に立って、ひるがえって想起すると、〈レーニンの社会主義論〉を真正面から批判の俎上にのせた研究はあまりないのではないだろうか。宇野派の渡辺寛が七〇年代に『レーニンとスターリン』と題する本を書いているが、レーニンについては「組織論」「農業理論」「民族問題」の三つの章が立てられ、「社会主義論」はスターリンにまわされている。おそらく、このような扱い方は例外ではなく典型と言ってよいだろう。つまり、左翼のあいだでは、『帝国主義論』を著し、ロシア革命を領導したレーニンがまさか「社会主義論」において問題があるとは考えにくかったのである。逆に、肯定的な意味においても「レーニンの社会主義論」が積極的に説かれることはなかったのではないか。国民文庫の書目録をみてもそういう題名の本は編まれていない。そしてその「欠落」の意味を探る思想的資質も欠落していたのである。

今後の研究の方向として、スターリンの「ソ同盟における社会主義の経済的諸問題」に依拠して『経済学教科書』（長いあいだ国際共産主義運動のなかで『資本論』に次ぐバイブルとされていた）

で定式化された「社会主義的生産の目的は諸必要の最大限の充足である」[51]が根本的に再検討されるべきであることだけを指摘しておく。〈社会主義的生産の目的〉を生産力の増大にではなく、〈協同社会《アソシエーション》〉[52]の創造＝新しい人間（関係）の創造に設定するならば、「国有物神崇拝」に陥ることを避けられたであろう（なお、『資本論の誤訳』の著者廣西元信は、早くから「社会主義＝国有化説の迷妄」[53]をマルクスの原典解読に踏まえて主張していたが、これまでほとんど無視されている）。

いまや、私たちは、〈レーニンの社会主義論の欠陥〉を真正面から検討することを自らの課題にすることができるところまでようやく到達したのである。この課題を設定すること自体が重要であるが、もしそのことだけに視野がとどまっているとすれば、仮りにその課題の内実を埋めることができたにしても、レーニン（マルクス）には××の視点が欠落しているといういわば欠落指摘主義の見本をもう一つくわえるだけで、その成果はみすぼらしいものになるにちがいない。私たちは、もう一つその先にさらに大きな問いがあることを知る必要がある。

## B　なぜ「レーニン主義」は権威を保持しえたのか

もし、〈レーニンの社会主義論〉に大きな欠陥があったのだとしたら（本稿の範囲でもそのように想定できるのであるが）、何故、その大きな欠陥にもかかわらず、今日まで「レーニン主義」はひろく世界的規模で高く評価されてきたのか、これがさらに解かれるべき大問題である。ソ連邦〔原文での「モスクワ」は誤認〕でレーニンの銅像が民衆によって引き倒される、時代の激変のなかで、マルクス主義も社会主義革命も見捨てられる風潮が蔓延しているが、にもかかわらず、あるいはその故にこそ、私たちは、このように問うべきなのである。

この問いは、いまようやく〈レーニンの社会主義論〉の検討に着手しはじめた私が、何か言い訳のために思いついたというのではない。昨年〔一九九一年〕二月に、東京大学の社会科学研究所が主催して「社会主義とヨーロッパ社会主義とは何か」と題するシンポジウムが開催され、著名な研究者が多く参加したが、そこでも論点の一つとなったのが、この問題である。このシンポでは、和田が「マルクス主義のユートピア[54]」は水準が低いと報告したのにたいして、討論のなかで大江泰一郎が「問題はなぜそれがイデオロギー的起爆力と言いますか、人びとによって非常に広く受け入れられ」たのか、と問い、「きのうまで大きく見えていたものが、実はごく小さい、ちっぽけなものなんだと言われても、なぜ大きく見えたのかということを言っていただかないと腑に落ちない[55]」と発言している。まったく同感である。

いうまでもなく「レーニン主義」という言葉も教義も、スターリンがレーニン死後の党内闘争のなかで作りだしたものであり、今日では自ら「レーニン主義者」を名乗る者は奇特な例になってしまったが、「マルクス・レーニン主義」を一六年前に「科学的社会主義」に変えた日本共産党にしても依然としてレーニンについては何一つ批判を加えてはいない。旧新左翼においてもレーニンは基本的に正しいものとして聖像とされている（レーニンに反発する場合でも部分的であり、かつ明確な批判を経たものではない）。それらの傾向を時代遅れとさげすむことは簡単であるが、そのようにさげすむ「賢者」が下品な優越感を隠さずに発言するのは何故なのか。初めからまったく問題にする値打ちもないものならば、そんなものを相手にさげすむ必要はない。声高にマルクス主義の破産だの、レーニン主義の崩壊だのを叫ぶ者は、なぜ自分がほかの××主義ではなく、マルクスやレーニンを相手にしているのかを少しでも考えたほうがよい。そうすれば、何故「レーニン主義」がひろく世界的規模で高く評価されてきたのか、という問いの意味が理解できるであろう。

さきの大江は、レーニンと「ロシアの法文化(56)」との関係という問題設定で探究しているが、それが貴重な視点であることは教えられ同意するが、もし単に「ロシア的」というだけならば、世界的な広がりをもって、「レーニン主義」が受容されるはずはなかったであろう。私は、ここにはもう一つ、〈先進国における革命の困難さ〉という問題があると考える。

こうして、私たちは、〈レーニンの社会主義論の問題性〉にもメスをふるいながら、一〇月革命後の七〇年余の連続する経済改革の批判的検討に踏まえて〈社会主義像の再構想〉をつぎの課題に設定するのである。

〈注〉

(1) 村岡到「原罪としてのスターリン主義」。政治グループ稲妻「稲妻」一九九一年九月五日号。同「協同社会主義の構想」の前書きとして収録(『現代と展望』三二号、稲妻社)。

(2) 以下の記述は、I・ドイッチャー『武力なき予言者トロツキー』(新潮社、一九六四年)の「第

一章　権力と夢」による。

(3) レーニン「第七回全ロシア・ソヴィト大会」レーニン全集、第三〇巻、二二三頁（以下L全集と略）。傍点省略。

(4) 前出、ドイッチャー、二二頁。以下も同じ。シュリャープニコフ発言は三〇頁より。A・ノーブは「一九一七年には都市に二六〇〇万人の労働者がいたが、二〇年にはそれが一二〇〇万人になった」と書いている（『ソ連経済史』岩波書店、一九八二年、七一頁）。

(5) S・F・コーエン『ブハーリンとボリシェヴィキ革命』未来社、一九七九年、一〇〇頁。一〇七頁。本書は訳者塩川伸明の詳細かつ高質な訳注と合わせきわめて価値の高い労作である。

(6) E・H・カー『ボリシェヴィキ革命』みすず書房、一九六七年、第二巻で、ジノヴィエフなどの発言を引いている。一九八頁。

(7) 前出、カー、二一一頁。塩川伸明は、「トロツキー提案とネップを直接結びつけるのは難しい」と、前出、コーエン『ブハーリンとボリシェヴィキ革命』に訳注をつけている。一四四頁。

(8) レーニン「ロシア共産党第一〇回大会」L全集、第三二巻、二三〇頁。

(9) レーニン「小冊子『食糧税について』のプラン」L全集、第三二巻、三四五頁。

(10) レーニン「食糧税について」L全集、第三二巻、三六九頁。

(11) G・ボッファ『ソ連邦史』第一巻、大月書店、一九七九年、二六二頁。

(12) 前出、コーエン、八五頁。

(13) R・ダニエルズ『ロシア共産党党内闘争史』現代思潮社、一九六七年、二三三頁。

(14) 前出、コーエン、一六三頁。

⒂ レーニン「共産主義インターナショナル第四回大会」L全集、第三三巻、四四九頁。四三四頁。
⒃ 前出、ドイッチャー、一一五頁。
⒄ 塩川伸明訳者「解説」。前出、コーエン、四九一頁。
⒅ トロツキー『社会主義と市場』大村書店、一九九二年、四四頁。
⒆ 和田春樹「国家の時代における革命」。溪内謙・荒田洋編『ネップからスターリン時代へ』木鐸社、一九八二年、二六四頁。以下もこの論文から。なお、ブハーリンがレーニンに先んじて「マルクスの反国家主義を再興した」ことについては、前出、コーエン、七二頁参照。
⒇ レーニン「『左翼的』な児戯と小ブルジョア性について」L全集、第二七巻、三三二頁。三三七頁。三三八頁。三四二頁。三四五頁。
(21) レーニン「さしせまる破局、それとどう闘うか」L全集、第二五巻、三八五頁。
(22) レーニン「全ロシア中央執行委員会の会議」L全集、第二七巻、二九五頁。二九九頁。
(23) このことは、レーニン自身が「協同組合について」で「国家資本主義」を使った意味について「私にとってはいつでも実践的な目的が重要であった」と口述している。L全集、第三三巻、四九二頁。
(24) ブハーリン『過渡期経済論』現代思潮社、一九六九年、一一〇頁。一一六頁。
(25) レーニン『ブハーリン著『過渡期経済論』評注』現代思潮社、一九六七年、二六頁。
(26) 前出、ブハーリン、一五〇〜一五一頁。
(27) 前出、レーニン『ブハーリン著『過渡期経済論』評注』四一頁。四〇頁。
(28) プレオブラジェンスキー発言。レーニン「ロシア共産党第一一回大会」L全集、第三三巻、三一七頁より。

(29) ブハーリン。前出、コーエン、一七六頁より。
(30) B・ラベール「序言」。プレオブラジェンスキー『社会主義とは何か』（柘植書房、一九七八年）の「訳者あとがき」より。二一六頁。
(31) 前出、レーニン『ブハーリン著『過渡期経済論』評注』三九頁。なお、この言葉の訳語も人により異なるが、本論文では断わりなくこの訳語に変えた。
(32) 前出、ダニエルズ、一六三頁。
(33) 前出、トロツキー、一六三頁。
(34) 対馬忠行「解説」。前出、レーニン『ブハーリン著『過渡期経済論』評注』八九頁。
(35) 上島武『トロツキーからゴルバチョフへ』窓社、一九八九年、六四頁。
(36) M・レヴィン『レーニンの最後の闘争』岩波書店、一九六九年、二八頁。
(37) 岡田進「解説」。レーニン『協同組合論』大月書店、一九七四年、二六八頁。
(38) 前出、ドイッチャー、二二四頁。
(39) プレオブラジェンスキー『新しい経済』現代思潮社、一九六七年、一一頁。一四頁。五五頁。一一九頁。一〇頁。二五二頁。四〇頁。八二頁。二九二頁。三七頁。三五六頁。三三頁。六五頁。六九頁。九七頁。
(40) 前出、プレオブラジェンスキー、二四一頁。この点こそ〈過渡期社会〉の経済建設の核心である。「社会主義生産の目的」（注(51)）と対応している。
(41) 前出、ドイッチャー、二二五頁。
(42) 前出、プレオブラジェンスキー、一九二頁。

(43) 以下はレーニン全集の索引を見よ。
(44) 前出、対馬忠行「解説」。九一頁。九二頁。
(45) 佐々木洋論文。中野徹三など編著『スターリン問題研究序説』大月書店、一九七七年、一三〇頁。一四九頁。一三一頁。なお、佐々木はトロツキーが『資本主義か社会主義か』でも「社会主義的原始的蓄積」と書いているかに述べている（一五六頁）が、上島も言うように（前出、七八頁）この著作ではこの言葉は使っていない（戦前に『ロシアは何処へ往く?』と題して邦訳、同人社、一九二七年〔一九九四年に『社会主義へか資本主義へか』と原題に即して刊行された。大村書店〕）。
(46) T・クリフ『ロシア＝官僚制国家資本主義論』論争社、一九六一年、一七九頁。一八一頁。なお、私は、ソ連邦などを一貫して「官僚制過渡期社会」と把握している（村岡『社会主義とは何か』稲妻社、一九九〇年、参照）。
(47) 前出、対馬忠行「解説」九二頁。
(48) レーニンは、一九二〇年一一月に「共産主義とはソヴィト権力プラス全国の電化である」と語った。L全集、第三一巻、四二二頁。
(49) 大藪龍介『国家と民主主義』社会評論社、一九九二年、一八八頁。大藪は、「社会主義への過渡期の経済論における国家主義的傾向」として、注(21)を引いている。
(50) 前出、和田春樹、二八一頁。
(51) ソ同盟科学院経済学研究所『経済学教科書』合同出版社、一九五五年、七〇九頁。
(52) マルクスの「アソシエーション」については、田畑稔の諸論文参照（『現代と展望』三四号・

近刊（一九九四年に『マルクスとアソシエーション』新泉社、に収録）。注(53)も参照。

(53) 廣西元信「マルクスを超克する法」『季節』エスエル出版会、一〇号、一九八四年二月、六〇頁。同『資本論の誤訳』（青友社、一九六六年）を、本稿執筆中に一読したが、きわめて刺激的であり深く検討すべき問題提起もある。レーニンの「労働価値説」の無理解についても指摘していた（二六四頁）。本誌（『経済評論』）八七年二月号、九〇年三月号の同氏の論文も参照。

(54) 和田春樹報告。東大社研『社会科学研究』第四三巻第一号、七頁。同じ趣旨は、同『歴史としての社会主義』（岩波書店、一九九二年）でも記述。ついでながら、同時に発売された塩川伸明『ペレストロイカの終焉と社会主義の未来』（岩波書店、一九九二年）では、名指しは避けているが、和田への批判もあり、私は後者のほうに強く共鳴する。

(55) 大江泰一郎発言。前出『社会科学研究』第四三巻第一号、九四〜九六頁。

(56) 大江泰一郎『ロシア・社会主義・法文化』日本評論社、一九九二年、参照。

〈本書（『協議型社会主義の模索』）収録時の追記〉

文中で不明と書いたベルント・ラベールについて。ルディ・ドゥチケら編『社会主義の条件』（石堂清倫訳、三一書房、一九七七年）に論文が収録されている。一九三八年生まれで、ドイツ社会主義学生会議議長で、ベルリン自由大学講師と紹介されている。

注(7)について。ロイ・メドヴェージェフは、「エスエル、メンシェヴィキ、ブント（ユダヤ人労働者同盟）は、一九二〇年一二月の第八回全ロシア・ソヴィエト大会……で農産物割当徴発制を現物税制に替えること……などを提案した」と明らかにしている（『一九一七年のロシア革命』現代

思潮社、一九九八年、一二八頁)。トロツキーは一九二〇年二月に中央委員会あての手紙で同様の提案を書いていた(同、一二九頁)。

『共産主義のABC』の刊行年については、注(5)、一一二頁による。

原論文では「止揚」と書いていたが、「揚棄」に改めた。

原論文では注のなかで著作の出版社名などを書かなかったが、収録にさいして記入した。

この論文にたいして、半沢貫が「転向トロツキストの〝大発見〟」(革命的共産主義者同盟革マル派『共産主義者』第一四六号＝一九九三年九月)で主題的に取り上げた。「小発見」でなく「大発見」と認知されたのはありがたいが、実りある批判とは言いがたい。一点だけ、私の当時の造語＝「アソーシャリズム(協同社会主義)」――この論文では使っていないが――への批判についてだけは甘受する。他方、肯定的な参照文献として言及する研究者もいる(国分幸『デスポティズムとアソシアシオン構想』世界書院、一九九八年)。

# 社会主義経済計算論争の意義

この論集〔『原典　社会主義経済計算論争』〕に収録した論文は、「社会主義経済計算論争」のいわば原典をなすものである。この論争のきわめて重要な意義からすれば、本来ならばはるかに本格的な文献集が半世紀近く前に編まれていて当然なのであるが、残念ながらまったく逆にいくつかの論文は今日では入手困難であり、さらには未邦訳の基本文献すら残されているのが現状である。そこで、不十分は承知のうえで、このような論集を作ることにした次第である。

編者の私は経済学を専攻しているわけでもなく、外国語にも通じていないので重ねて不都合なのであるが、そういう私がこの企画に着手していることにも、今日の思想状況が反映していると理解してほしい。私の立場は、ソ連邦崩壊後の今日、歴史的反省に踏まえて、新しい社会主義像を探究するという点でゆるぎない。一つ断っておかなくてはならないが、戦前や敗戦直後の文献であるために、原文のままでは今日の読者にはたいへん読みにくいので、漢字やかなづかいを現代文に改めた（山本勝市の一部だけは格調を重んじて原文のままにしたが、この改文の意図があながち不適当ではないことも理解いただけるであろう）。注についてはその多くを削除した。

初めに、収録論文の執筆者の生没年と執筆時期と初出を一覧しておこう。

・ルドウィヒ・フォン・ミーゼス（オーストリア、一八八一～一九七三年）「社会主義共同体における経済計算」一九二〇年：『社会科学と社会政策』誌第四七号掲載（ハイエク編『集産主義計画経済の理論』に収録）。

・カール・ポラニー（ハンガリー系、一八八六～一九六四年）「社会主義的経済計算」一九二二年：『社会科学と社会政策』誌第四九号掲載。

・ボリス・ブルックス（ロシア、一八七四～一九三八年）「社会主義における経済計算」一九三五年：『ソヴィエト・ロシアにおける経済計画』

・フリードリッヒ・A・フォン・ハイエク（オーストリア、一八九九～一九九二年）「問題の性質とその歴史」一九三五年：『集産主義計画経済の理論』

・山本勝市（一八九六～一九八六年）「計画経済の根本問題」一九三九年：『計画経済の根本問題』

・迫間真治郎（一九一一～一九六五年）「社会主義計画経済の一般理論」一九四七年：『社会主義計画経済理論』

このうち単独の論文はミーゼスとポラニーのものだけで、他の論文は、それぞれの著作の一部分を抜粋したものである。その著作のどの部分をなすかについては「収録論文の原書目次一覧」に記した。ポラニーとブルックスの論文は、前者は橋本剛氏、後者は森川辰文氏によって訳出していただいた。初めての邦訳である（ただし、前者は『カオスとロゴス』創刊号に既掲載）。記して感謝する。

「社会主義経済計算論争」――この国際的に展開された論争は、その名のとおり、社会主義における経済計算を主題にしたものである。社会主義における経済計算の可能性が問われ、可能だとする論者はその解答を提示した。

まずこの論集に収録した論文を軸に、いわば外形だけを解説する。

ミーゼスの論文は、ドイツでマックス・ウェーバーやヨゼフ・A・シュンペーターらによって発行されていた『社会科学と社会政策』誌に一九二〇年に発表されたもので、この論争の直接の発端をなすものである。ミーゼスは、社会主義の〈経済〉は存立不可能だと主張した。「直接の」という意味は、歴史に残るどの論争もそうであるように、背景をなす歴史的文脈と論争の前史を見落としてはならないからである。いうまでもなく、①一九一四年に始まった世界大戦によるヨーロッパ諸国の混乱と疲弊、②一九一七年のロシア革命の勝利と社会主義運動の攻勢こそが、ミーゼスをしてこの論文を書かせた背景である。一九三一年にはアムステルダムで「世界計画経済会議」が米ソなど主要国二〇有余から著名な経済学者が参加して開催された。そういう動向のなかで、この論争を再燃させたのが、ミーゼスの弟子であるハイエクが編集して一九三五年に刊行された『集産主義計画経済の理論』であった。

ハイエクの論文は、この著作に収録されたものである。ハイエクは、のちにノーベル経済賞を受け、死にさいしてアメリカのブッシュ大統領から「追悼声明」が発せられた。

ポラニーの論文は、ミーゼスの論文が掲載された雑誌に二年後に掲載されたもので、ミーゼスを批判して「機能的社会主義」の実現可能性を明らかにした。同誌の一九二四年五一号にはミーゼスが反批判を発表し、同年五二号にはポラニーがさらに答えて「機能的社会理論と社会主義の計算問題」を発表した（最後の論文は、玉野井芳郎・平野健一郎編訳のポラニー論文集『経済の文明史』一九七五年、第五章として訳出されている）。

ブルックスの論文（標題は新設）は、『集産主義計画経済の理論』の姉妹編としてハイエクの序文つきで同じ年に同じ出版社から英語で翻訳出版された『ソヴィエト・ロシアにおける経済計画』の第一部「ロシア革命からみたマルクス主義学説」の一部である。元の論文は、一九二〇年八月にペトログラードでの学者たちの集会でおこなった演説を二二年にロシアの雑誌『エコノミスト』に連載したものである。ブルックスは、ミーゼスとは独立にほぼ同様の内容を主張した。同年夏には、この雑誌は弾圧・廃刊され、ブルックスなどはレーニンの指示によって国外追放された（この間の経過は森岡真史氏が「ブルックスの社会主義経済論」で詳細に明らかにしている。森岡氏によれば、ペレストロイカの末期一九九〇年にロシアで三つの雑誌がほぼ同時にこの論文を復刻した）。

二人の日本人の論文は、「原典」というにはややふさわしくはないが、この論争を私たちが振り返り検討する場合には逸することが許されない貴重な文献である。したがって、部分的な収録は著者に失礼でもあり、好ましくはないがあえてこの論集に収録した。

山本の論文は、一九三九年に刊行された『計画経済の根本問題』（理想社）の一部である。山本の立場はミーゼスと同じである。この著作の前に、その原型ともいえる『経済計算』を一九三二年に著しており、ハイエクの『集産主義計画経済の理論』に先んじてミーゼスの提起に着目した点を自身でも誇りにしている。収録した「自序」にも記されているように、山本はロシアに留学し、ドイツでブルツクスにも会って話している。治安維持法下の出版であり、いくつか伏字がある。

迫間の論文は、一九四七年に刊行された『社会主義計画経済理論』(河出書房)の一部である。迫間は、当初は後述のオスカー・ランゲの主張にそってミーゼスやハイエクを批判する立場から紹介し論評していた。『集産主義計画経済の理論』を翻訳したのが迫間である。敗戦直後の混乱と「戦後革命」の熱気のなかで、季刊『理論』などでもこの論争が取り上げられた時期もあり、『経済思潮』一九四六年一二月号は、その特集を「日本計画経済への展望」と設定して、「計画経済理論に関する文献」を一二頁も掲載している。外国の文献だけではなく、戦前の日本人による文献も多数あげられている。半世紀後の今日の思想状況との落差の大きさを痛感する。

なお、迫間は、しだいにソ連邦にたいして批判的立場に立つようになり、スターリン論文「ソ同盟(当時の訳語)における社会主義の経済的諸問題」(一九五二年)にたいして直ちに批判を加え(法政大学『経済志林』一九五三年四月)、その後、社会主義の立場を捨てた(迫間のこの変化も、マルクス主義陣営からこの論争を遠ざける要因になったのかもしれない)。

次に、本論集をはなれて「社会主義経済計算論争」をごくおおづかみに概観しよう。

幸いなことに、塩沢由典氏が「ハイエクのまとめによれば、この長い論争には三つの段階が認められる」として、適切に要約しているので、そっくり拝借することにする。「第一段階は、現物計算による計画という社会主義経済の考えとそれに対する批判の段階である。時期的には社会主義思想の発生から、一九二〇年のミーゼス論文の発表までを含み、論争の前史というべき段階である。第二段階は、ミーゼスの論文にたいする批判と反批判として、中央計画当局による合理的な経済計算の可能性をめぐって展開されたほぼ一〇年間である。計画経済の運営原理が経済学の課題としてはじめて集中的に取り上げられ、計画経済が空想から科学へ一歩近づいた時期である。この過程のなかで、計画経済の合理的計算は、（いくつかの重大な前提を認めれば）原理的ないしは論理的には可能であるが、必要とされる膨大な計算量ゆえに実際的には大きな困難があることが確認された。第三段階は、一九三〇年前後から第二次世界大戦突入まで、社会主義経済の弁護者たちが擬似的市場の導入を含むより分権化された社会主義経済構想に基づいて、その経済の運営可能性と効率性を主張し、これにたいして社会主義反対派が市場の基本的働きとしての分散した知識の利用可能性という新しい主題を発見していく過程である」。

ここにいう「第一段階」の「現物計算による計画という社会主義経済の考え」をもっとも典型的に示したのが、一九一九年にドイツのバイエルン・レーテ共和国の中央計画局の長官を務めたオットー・ノイラートである（『戦争経済から現物経済へ』未邦訳。「実物経済」「自然経済」の訳語もある）。「価値」も「貨幣」も廃絶して、「現物」によって経済計算をおこなうという主張である。ミーゼスはロシア革命の直後にも、一時期だが貨幣が使われなくなり配給が主要形態になった。

「実物計算が貨幣計算に取って代わり得ると想像することは幻想に過ぎない」（本書〔『原典　社会主義経済計算論争』、以下同じ〕一九頁）と指摘し、「貨幣も交換も存在しない経済において経済計算を可能ならしめるような客観的に認知しうる価値単位」（本書二八頁）があるのかと問い、「労働価値説」では解けないと批判した。また「社会主義企業における責任と創意との問題」を提起して「自由創意と個人的責任との喪失が最も重大な脅威である」（同）とした。そして「社会主義国においては合理的経済行為は不可能である」（本書三九頁）と結論した。

ロシアの地でブルックスは、「社会主義社会においては、経済計算は資本主義社会におけるよりもはるかに重要である」ことを明確にしたうえで、革命直後の経験を通して、「われわれがロシアで目撃しているのは、まさにこの経済計算の衰退なのである」（本書六七頁）と指摘し、「このような事態は、必然的に、経済システムを破局へと導くものであり、しかも破局は起きてしまった」（本書六八頁）と論断し、「社会のニーズによって生産を整合させるためのメカニズムをそなえていない経済システムが維持できないことは、明らかである」（本書八八頁）と予見した。

「第二段階」の「擬似的市場の導入を含むより分権化された社会主義経済構想」をもっとも体系的に提起したのが、ポーランドのオスカー・ランゲであった。ランゲは、「『価格』という語には二つの意味がある」として、「市場における二つの財貨の交換比率」という意味ともう一つ「代替物が提供される条件」という意味があると分析し、後者の機能は「現実の市場なくしても与えられる」と考えた。「中央計画機関」が「計算価格」を決定し、「試行錯誤」を重ねれば適切な経済計画が可能であるし、これによって「職業選択の自由」と「消費選択の自由」は保障されると論じた（一九三六年と三七年に発表された「社会主義の経済理論」ベンジャミン・リピンコット編『計画経済理論』）。

「消費選択の自由」は不必要だとする論者も現れた（モーリス・ドッブ）が、しだいに「市場社会主義論」が勢いを得て、この論争を社会主義の側に立って論じる者のほとんどは、ランゲによってハイエクにたいして「勝利」したものと考えた。一九三〇年代には大恐慌と対比された五カ年計画の「成功」が、五〇年代にはアメリカに先んじた人工衛星スプートニクの打ち上げが、この「確信」を政治的に支えていた。

「第三段階」の「分散した知識の利用可能性」を論点にしたのが、ハイエクとそれ以後の近代経済学者たちである。

この論争の直接の発端をなしたミーゼスの批判は、革命後の社会には政治的犯罪が多いとか、失政によって国民が苦しむとかいう問題ではなくて、マルクス主義者ならだれもが社会存立の基礎をなすと捉えている〈経済〉が原理的に成立しないとする重大な問題提起だったのである。

さらに、ミーゼスやブルックスによって提起された批判のいくつかは、ロシア革命後の歴史において失敗を重ねながらくりかえされてきた「経済改革」のなかで争点となった問題を先取り的に明らかにしていた。ソ連邦崩壊の後になって、後知恵にすぎない――無知よりはましだが――ことの自覚さえなしに、マルクス主義を悪しざまに非難する論者が少なくないが、彼らのあやしげな「論拠」の多くは、すでにはるか昔にもっと明確に提起されていたのである。

　このように、この論争は、社会主義の実現を望みそのために闘うものにとってはけっして無視することが許されないきわめて重要な問題をテーマにしていた。このことを知ると、直ちにもう一つ気づくことは、マルクス主義者の立ち遅れである。

　そもそもそこに弱点があったからこそ、ミーゼスは問題を提起できたのである。さらにミーゼスやハイエクにたいしてもっとも正面切って答え、かつ論破したのは「擬似的市場の導入」を提起したランゲだと長いあいだ思われていた。後述のように、ポラニーは今日でもマルクス経済学者のなかでは無視されている。しかも、そのランゲは当時は、経済学を「人間社会における稀少資源の管理にかんする科学」(『経済発展と社会の進歩』)と見る近代経済学の枠のなかで思考していた。正統派は対応できなかった。

　マルクス主義者――というよりはマルクス主義の周辺にいた者が、今日でも同様に低水準であることを示す好例がある。岡田裕之氏は、「社会主義経済計算論争は空論で現実とは関係がありません」などと放言している。喫茶店の雑談ではなく、「社会主義経済学会三〇年の歴史を総括する」と意気ごんで設定された、藤田整氏との対談「社会主義の崩壊と経済体制論」(『情況』一九九四年一二月号)での発言であり、藤田氏も司会の岩田昌征氏もなにもチェックしていない。三人とも旧社会主義経済学会の中心的メンバーだから、紹介しておくことは無駄ではない。

　ところで、この論争を「机上の空論」と決めつけたのは、岡田氏が初めてではなく、岡田氏が蔑んでいるソ連邦の経済学者だった。このことは、岡田氏とほぼ同年代の岡稔が紹介している。同時に岡は「社会主義経済のもとでの資源の合理的配分にかんする経済計算の問題は、実際に存在する問題であって、ミーゼスが考えだした架空の問題ではない」と、一九七六年に『社会主義経済論』で明らかにしていた。岡の早死が惜しまれる。

このマルクス経済学の怠慢と無能力とは対照的に、いわば体制側の理論家はこの論争についても鋭敏にとらえ活用していた。山本勝市がそうであり、小泉信三がそうであった。「当代の福沢諭吉」といわれる小泉は、敗戦直後に『共産主義批判の常識』を著したが、その第四章「社会主義批判」はこの論争を素材としている。小泉はブルックスの著作（一九二八年に前記の「ロシア革命からみたマルクス主義学説」を本人が独訳したもの）が刊行された直後にその紹介を学内誌に発表した（『全集』第四巻）。ついでながら、小泉の『近世社会思想史大要』（一九二六年）は「ギルド社会主義」から「ボリシェヴィズム」まで広く説かれていて、戦前の社会主義運動にも大きな影響を与えた。小泉の弟子の気賀健三氏は、『比較経済体制論講義』（一九七二年）の巻頭でこの論争の整理を同書の基礎に据えている（社会主義経済学会が「比較経済体制学会」に改名したのは一九九三年である）。小泉は現在の（昭和）天皇の教育を担当した人物でもあり、「敵」の側の懐の深さを思い知る。

また、近年は、体制側と形容するのは外れているが、近代経済学に立脚あるいは深い理解を備える論者から、この論争を主題とした論文がいくつか発表されている。尾近裕幸、塩沢由典、西部忠、森嶋通夫、森岡真史らの各氏である（「文献リスト」参照。列記は論文発表年順）。これらの論者は、社会主義像の探究をめざしているわけではなく、その問題関心は市場の機能を分析するところに設定されているようであるが、とくに、ノイラートにも一節を配している塩沢論文、ブルックスに光を当てた森岡論文、ポラニーにも論及している西部論文は、学ぶところが多い。また、アメリカのロバート・ハイルブルーナーの『二一世紀の資本主義』でも、邦訳近刊のジョン・ローマーの『社会主義のための未来』でもこの論争に触れている。

マルクス経済学の立場からは、わずかに玉野井芳郎が『マルクス経済学と近代経済学』（一九六六年）で、伊藤誠氏が『現代の社会主義』（一九九二年）で一章をさいて論及しているが、両著ともポラニーにはまったく触れていない。伊藤氏は、一九八〇年代の欧米での論争も整理しているが、六〇年代までの「ソ連経済の成長」に無批判的に依拠して考えている。

マルクス主義が「詩的社会主義」（この論争でのニコラス・ジェラルド・ピアソンによる批判用語）に満足するのではなく、新しい社会主義像の探究にとってその有効な理論的武器になることができるとしたら、この論争の深い捉え返しは避けて通ることができない一つの関門であることは間違いないのである。

最後にごく簡単に、この論争から学び、摂取し、発展させるべき問題をいくつか列記する。

第一の問題は、当然ながら新しい生産システムをいかにして成り立たせるかという大問題である。ミーゼスやブルツクスは「価値」「貨幣」「市場」を廃絶する経済では合理的経済は成立しないと主張したが、果たしてそうなのか。人類はなおこの問いには最終的な解答を出してはいない、と私は考える。彼らの結論に与することはないが、彼らが提起した問題――「異種労働の評価」「労働の動機」「企業家精神」「利子の役割」など――については無視することなく真正面から答えなければならない。「労働の動機」については、プレオブラジェンスキーが『新しい経済』(一九二六年)でその重要性に注意を喚起していた。また、エンゲルスは『反デューリング論』で『資本論』の「商品価値の理論は他の〔資本主義以外の〕社会諸形態には適用」できないと一筆していた。

ブルックスもマルクスと同じに生産力の無限の発展を前提にして思考しているが、地球温暖化がクローズアップしている今日では、その前提そのものが疑問に付されなければならない。この点は、すでにクルト・W・ロートシルトが「成長それ自体と生産および消費の不断の拡大とは、社会主義の究極目標ではなく、それは新しい型の社会と人間へひとりでに導くわけではないことに社会主義主義者は気がつくべきである」(『社会主義・資本主義と経済成長』所収論文)と、一九六七年に警告していた！　ロートシルトは「ミーゼスの配分パズルにあまりに魅惑されて」はいけないとランゲを批判しながら、原則的で「柔軟な接近方法」に期待を託していた。

新しい生産システムを構想するさいに、ポラニーによるミーゼス批判は、難解な点があるとはいえ、きわめて重要な示唆に富むものと考えられる。このポラニーの理論から学ぶことが、第二の問題である。

ポラニーが初めからミーゼスの主要な論敵であったことは、すでに触れたが、これまでこの論争の検討のなかでポラニーはほとんど無視されてきた。ポラニーは、〈社会的公正〉を最重要視して「中央集権的管理経済」ではなくて「機能的に組織された経済」として〈社会主義〉を考えた。当時は、塩沢論文で焦点が当てられているノイラートに典型的なように、「実物経済」として（別な視点でいえば「一国一工場」論として）「社会主義」は観念されていた時代であり、ポラニーの先駆性は計り知れない。ポラニーは「ギルド社会主義の経済においては〈市場〉もまた存在する」（本書四一頁）と論文の冒頭で確認し、「協定価格」が必要であることを提起したのである。塩沢氏は、ランゲが「一九三〇年代に……大胆な代替案（市場型社会主義の原型）を提出できたことには驚異を覚える」と評価しているが、ポラニーの提起はその一〇年前である。

また、ポラニーの第二論文では「社会は種々のアソシエーションから成り」とも書かれており、中央集権型ではない、〈多中心のアソシエーション型社会〉を構想する糸口を、ポラニーは与えていたと理解できる。〈アソシエーション〉の視点は、それだけで自足的に閉じられたものとしてではなく、〈経済運営〉などとも関連させて活かされなければならない。ついでながら、ハイエクが『隷従への道』を刊行した同じ年一九四四年に、ポラニーは必読の名著『大転換』を著した。ポラニーは経済人類学者であるだけでなく、社会主義者でもあった（『人間の経済』での夫人の追悼文参照）。

第三の問題は、〈分配〉問題を重視して正面から解明することである。マルクスが、生産あるいは生産関係の分析に偏重して、分配を軽視したことは、『ゴータ綱領批判』の次の一句――「どんな場合にも、消費諸手段の分配は生産諸条件の分配そのものの結果にすぎない」――によって明らかである。フランク・カニンガムは大冊『民主主義理論と社会主義』でこの一句を引いたうえで、おだやかに「多分に誇張されたもの」と評している。カニンガムはさらにアグネス・ヘラーが「生産能力の配分方法」の問題について「マルクスは何も答えなかった」として「現代マルクス主義の中心問題」であると指摘していることを注記している。ロバート・C・タッカーは、「分配への志向が一九世紀の大部分の社会主義理論の特徴だとするならば、生産への志向こそがマルクスの社会主義の特徴だった」と区別し、さらに、私とは方向が逆であるが、「分配上の正義はマルクス主義の精神的世界とまったく疎遠である」とまで強調している（『マルクスの革命思想と現代』）。

この点で、ミーゼスが「消費財の分配が生産およびその経済的条件から独立でなければならないということが、社会主義の特徴である」（本書九頁）と書いていたことが重要なヒントになりうる。ミーゼスを批判して「社会主義」を擁護した、アメリカ経済学会会長も務めたフレッド・M・テイラーは一九二八年に書いた「社会主義国家における生産の指導」で同様の論点に触れている。また、岸本重陳氏は「社会主義経済の基本的論点」（一九六九年）で、「社会主義経済においては……労働の支出と各人への分配との客観的なむすびつき自体を断ち切ることはできる。そのためには分配を各人の労働に無関係におこなえばよい」と書いていた。

「労働に応じた分配」こそが「社会主義社会」の分配原則だとスターリンが一九三一年に、差別賃金の正当性を権威づけるために唱えていらい、この教条は不動の「通説」として、マルクス主義者の思考を孫悟空にはめられたタガのように縛りあげてきた（例外的にイルジ・コスタは『現代の社会主義』で柔軟に検討している）。だが、労働と取得とを別次元と考えることができれば、〈生産手段の協同的占有〉を基礎にして、社会主義の経済システムを新しく構想するうえで決定的な境域を切り開くポイントになりうるであろう。

第四の問題は、「ギルド社会主義」についてである。ポラニーが最重要視する〈社会的公正〉の視点や「協定価格」は、「ギルド社会主義」を継承するものだった。ポラニー自身は出典を明示していないが、「ギルド社会主義」は一九一〇年代前半からイギリスのG・D・H・コールらによって主張されたもので、「倫理的社会主義」を強調していた。主唱者のコールがフェビアン協会会長に転換したことや、ボリシェヴィキの勝利によって「ギルド社会主義」はほとんど死語になってしまった（前記のように小泉はしっかり視野に入れていた）。だが、「協定価格」あるいは「計画価格」（ランゲの「計算価格」との相違を表現）をいかなる基準によって設定するかを問題にすると、近代経済学が神とあがめる「経済効率」よりも、道徳的・倫理的要素を重視する必要に気づく。別言すれば、「労働時間」だけを尺度にするのは誤りである。〈社会主義〉はそもそも〈倫理的・人間的〉連帯〈友愛〉を原理としている。遠くアリストテレスの「分配的正義」という言葉にも明確なように、〈分配〉と〈正義〉は切り離すことができない密接な関係にある。

〈正義〉と〈公正〉の区別については、鋭いキリスト教批判を展開している高尾利数氏が近著で「〈正義〉とは統治の任に当たる者たちが実践すべき『正しさ』のことであったし、〈公正〉とは民が為政者らに要求すべき『正しさ』のことであった」と説明している（『イエスとは誰か』）。ゲバラが強調したように、社会主義は「新しい人間の形成」（「キューバにおける社会主義と人間」）と一体の過程としてのみ創造されるのである。

第五の問題は、〈情報公開〉の死活的重要性についてである。ミーゼスの社会主義経済不可能論を反駁したH・D・ディキンソンの重要な論点が〈情報公開〉であった。この点については、迫間が「ディキンソンの巧みな比喩」として「ガラス張りの壁」（本書一八五頁）をあげながら、「民主的討議」の必要性にも触れて強調していた。社会主義経済が本来的に有し発揮すべき優位は、資本主義経済に不可欠な情報の秘匿（だから特許制度がある）に対して、〈情報公開〉によって情報の広がりと民衆によるコントロールを発達させるところにこそある。社会主義経済を論じながら、〈情報公開〉を明確に定位できないのでは、血液の流れがない人間を診断しているようなものである。しかも、私たちは医師の立場に甘んじるわけにはいかない。

第六の問題は、「市場」の機能をいかなるものとして認識するかである。「分散した知識の利用可能性」などを軸に据えるハイエクをはじめとして、近代経済学からのアプローチはこの点にのみ偏重・集中している。この点については、私には蓄積がなくなお学びたいと考えているが、「貨幣」に代わる〈引換カード〉と「市場」に代わる〈引換場〉を創造すれば、需給関係をはじめ、今日「市場」が果たしている機能のいくつかは、利潤を動機にすることなしにも再現されるであろう〈〈引換カード〉は「貨幣」とは異なり流通しないし、致富機能をもたない〉。

このほかにも、①『資本論』第三巻第四九章の「価値規定」の解釈問題、②バイエルン・レーテ共和国当時の「社会化委員会」（シュンペーターなども参加）の活動、③そこにも参加していたアナキストのシルビオ・ゲゼルの「スタンプ貨幣」論、④ブルックスを国外追放したレーニン（トロツキーは「予防的ヒューマニズム」と評した）、などさまざまな論点が、この論争に密着して浮かび上がってくる。もとより人類は二〇世紀前半に「社会主義経済計算論争」だけにかかわっていたはずはないが、この論争を通して学ぶべきことは多大である。歴史が過去と未来の対話だとすれば、社会主義の未来に可能性があるとすれば、この論争の再審は不可欠でもあり、豊かな教訓を与えてくれるに違いない。

私がこの論争の存在に気づき、基本的な文献を読むようになったのは、一九九一年のソ連邦の崩壊の後である。同年八月のクーデターとソ連邦共産党の解体の直後に、私は「原罪としてのスターリン主義」を書いて、その結びで「〈スターリン主義〉の問題を自らの〈原罪〉として背負い、今日までの社会主義の思想と理論にいかなる見落としがあったのかを真剣に検討する」ことが大切だとし、その「努力を通して〈社会主義の再生〉を闘いとることこそが課せられている」と確認した。そのあと、私は、「価値法則」について明確な認識を欠いていた「レーニンの『社会主義』の限界」を明らかにし、〈アソシエーション〉の視点の重要さに気づき、「一国一工場」論の誤りを整理し、「労働に応じた分配」原則の問題点を切開することを契機にして、〈生活カード制〉を提起している。最新の『思想』に掲載された溪内謙氏の論文によれば、「半可通は急ぎたがるが、本物の学問は結論を急ぐ権利はない」とゴルバチョフが『回想録』に記しているということである（四月号）。したがって、冷や汗三斗の思いであるが、過誤をくぐることなしに新しい地点や真理には到達できないともいえるので、新しい社会主義像を探究する協同の作業の一助になることを祈念して、私はこの論集を編集・解説・刊行することにした。「解説」を逸脱するところがあれば、寛容にすがる以外にない。欠点などを教示いただければ幸いである。

最後になったが、論文の収録について、故迫間真治郎の未亡人迫間ちよゑさんと実業之日本社、理想社から許諾をいただいた。ブルックスの原書は森岡真史氏から貸与された。記して深く感謝する。

窓外の桜を見ながら　一九九六年四月六日

〈本書収録時の追記〉

森岡真史氏の大冊『ボリス・ブルックスの生涯と思想』（成文社）が二〇一二年に刊行された。

# 〈社会主義と法〉をめぐるソ連邦の経験
## ――ロシア革命が直面した予期せぬ課題

### はじめに

本稿は、一九九九年に発表した「〈社会主義と法〉をめぐるソ連邦の経験――藤田勇著『ソビエト法理論史研究』に学ぶ(1)」を改稿したものである。改稿にあたって、九五年に発表された、大江泰一郎氏の論文「社会主義憲法と戦後憲法学(2)」を読み、私が素人の直感で考えていたことがはるかに深く学問的に究められて提起されていたことを知った。大江論文を学ぶほうが有益であるが、異なる視点もあるし、私がこの著作(『連帯社会主義への政治理論』)で主張していることを理解するうえでは、あながち無駄とは言えないので、大江論文から吸収しえたことも加味して改稿した。

第1節では、ロシア革命をリードしたマルクス主義には、法や法律について明確な理解が欠落していたことを明らかにする。このことは、革命直後のロシアでも法学者によってははっきりと認識されていた。

第2節では、一九一七年の一〇月革命を成就したロシアが政治や法律の領域でもきわめて遅れた国であったことを明らかにする。当時は「法律の無知をもって革命家の誇りとする風潮」があったほどであり、この「法文化」に着目する大江氏は、ソ連邦を「『反立憲主義的』ないし『反・法的』社会主義」(3)と特徴づけている。このロシアにおいて、法や法律をめぐってどのような努力が重ねられたのかを明らかにする。

第3節では、〈社会主義と法〉をめぐるソ連邦の経験から何を学ぶことができるのかを探り、〈連帯社会主義〉をめざす私たちが解明しなければならない新しい課題の所在を明らかにする。

## 第一節　未開拓分野としての「法学」

本節では、ロシア革命を思想的にリードしたマルクス主義において法や法律の問題はどのように扱われていたのかについて明らかにする。当然にも、ロシア革命以前、あるいは当時のマルクス主義が対象である。少し拡げれば、「唯物史観」とは何だったのかという問題にもなるが、ここでは「法学」に焦点を絞って検討する。なお、「法」と「法律」とは区別して把握したほうがよいと、星野英一氏や大江氏が強調している。(4)区別の意味については両氏の説明に当たってほしいが、本稿では「法と法律」を〈法（律）〉と表記することにした。

まず、革命後のロシアで「法学」を専攻した先駆者たちがどのように認識していたのかを見るのが適切であろう。わが国の社会主義法学の第一人者とされている藤田氏の前記の主著から学ぶことにしよう。

「一〇月革命後におけるマルクス主義法理論建設の代表的な担い手であったストゥーチカは、革命の起点におけるマルクス主義法理論の状況にふれて」、「マルクス主義は、新しい法哲学、新しい法の理解を描かなかった[5]」と確認した。

「マルクス主義哲学者ラズモフスキー」は一〇月革命一〇周年記念論文で、「法律学」について「マルクス主義が言葉のそのままそっくりの意味で鋤もふれない処女地であった領域である」と書いた。

法学者のレイスネルは「わがマルクス主義者たちは、……法と法イデオロギーの問題にまったく関心を示さなかった。革命前の時期についていえばそこでは完全な沈黙がまもられていた」と書いた。

ストゥーチカと並んでマルクス主義法学戦線で双璧をなしていたパシュカーニスは、自著『法の一般理論とマルクス主義』（一九二四年）を「基本的法律概念のマルクス主義的批判の最初のこころみ」と評した。「最初のこころみ」ということは、それ以前には何もなかったということである。

藤田氏はこれらの認識を示したうえで、「マルクス、エンゲルスの古典に法的上部構造にかんする理論体系そのものがあたえられていないことは、一般にみとめられているところである」と確認している。ただし、正統派に位置する藤田氏は、慎重にも「ストゥーチカも指摘しているように、マルクス、エンゲルスの古典に法的上部構造の唯物論的把握の基礎があたえられていることは、いうまでもない」とも書いている。「基礎があたえられている」が、「理論体系そのものがあたえられていない」と言うわけだ。果たしてそれだけのことだったのか。むしろ、「法的上部構造の唯物論的把握」なるもの自体が問われていたはずであるが、そのことに気づくのは容易ではなかった。

一九二〇年代にロシアで展開された法理論をめぐる論争の内容はとても難解でもあり、ここでは省略するしかないが、〈法律〉とは何かという根本問題をめぐる論争のなかで「イデオロギー」説、「規範」説、「社会関係」説が提起され、おのおの自説の論拠をマルクスやエンゲルスの古典の章句に求めていた（経済学における「価値・価格論争」の様相も同様であった[6]）。このことについて、藤田氏は「求める側の一面性と求められる側の多面性を示している点で重要である[7]」と評している。

藤田氏は「一面性」と「多面性」に傍点を付しているが、言葉にこだわると、「一面性」と「多点性」とでも書いたほうが正確であろう。そのほうが「理論体系そのものがあたえられていない」点がはっきりするからである。マルクスやエンゲルスの記述は断片的なものと言ってよいからである。戦前に、日本マルクス主義法学の創始者・平野義太郎がマルクスやレーニンの「法律」に触れた文献を収集した『マルクス主義の法理論[8]』を編集したが、この著作を一読すれば、よく分かる。あえて言えば、〈法（律）〉の問題は、〈マルクス主義における空白〉をなしていたのである。

なぜ、このようにきつい表現を取るのかというと、世の中には一九九二年になっても「社会主義と法の問題はマルクスから始まる」などと書いている「専門家」もいるからである。[9]「問題はマルクスから始まる」などという書き方自体があいまいでどうにでも理解できる「逃げの表現」であるが、事の要点は、その認識＝表現から次に何を課題として強く意識することができるのかにある。〈空白〉を確認すれば、急いで埋めなくてはいけないと意志することになるが、「マルクスから始まる」のならまずマルクスをよく勉強しなくてはいけないことになる。

先に進む前に、マルクスの死の三年後一八六六年に、オーストリアの法学者アントン・メンガーが『全労働収益権史論』で、社会の変革にとって、法律が重要な位置を占めることを明らかにし、「社会主義の財産法」[10]や「無産階級の法理学」を打ち立てることを提唱していたことに注意を喚起しておいたほうがよい。同時に、エンゲルスがこの、A・メンガーを「法曹社会主義」[11]と非難し、この問題意識を排撃してしまったことも確認しておこう。

その後、A・メンガーを輩出したオーストリアでは、「純粋法学」を創始したハンス・ケルゼンなどと対抗しながら共和国首相を務めたカール・レンナーや法哲学者グスタフ・ラートブルフなどが「法学社会主義」の理論を探究した。社会民主党の第二代党首オットー・バウアーは一九一九年に刊行した『社会主義への道』で「平和」と「非暴力」を基軸とした「社会主義への道」を提起した。この小冊子にたいして、レーニンはほとんど読みもしないまま「博識な馬鹿者」[12]と罵倒した。

## 第2節　遅れたロシアの「法文化」と法律をめぐる変遷

長いあいだロシア革命は社会主義革命の模範とされてきたが、この「社会主義の祖国」ロシアは、周知のようにツアーが支配する前近代的な後進国であった。ロシア革命当時、人口の八〇%は農民で、識字率は三五%であった。文学者の川端香男里氏によると、「ルネサンスや宗教改革はロシアにほとんど影響を与えることなく終わり、中世的要素は色濃くその後も残ること」[13]になった。多くの人が指摘しているように、統治のための「強い手」を待望する気風が強いと言われていたロシアには法を尊重する文化はなかった。ツアーのロシアでは「自白が証拠の女王」[14]ということわざさえ流布していた。ロシア革命のなかでは「法律の無知をもって革命家の誇りとする風潮」があったほどである。この風潮が、民主政の伝統を欠如していたロシアの歴史に深く根ざすものであることについては、この一九六八年の藤田論文「ロシア革命と基本的人権」ですでに明らかにされていたし、近年、大江氏が「ロシアの法文化」としてこの領域の問題を鋭角的に提起している。大江氏は、この視点からロシア革命を「『法の精神』なき革命」と特徴づけている。

ついでに中国についても触れれば、革命から半世紀を経てなお、この国では「人治」から「法治」への転換が課題とされ、法律や裁判所の位置はきわめて低く、しかも腐敗している。[15]

## A　革命直後に直面した課題

ロシア革命直後のボリシェヴィキ指導部にとって、まず問題となったのは、過渡期において「法律」はいかに位置づけられるべきかが明確ではなかったことである。「プロレタリア革命は、国家と法の死滅の前提条件を創出すべき変革にほかならない」[16]と、藤田氏は性格づけているが、この認識は藤田氏独特のものではなく、革命直後のボリシェヴィキの常識であった。法律を強制するテコが国家権力である点にだけ着目すれば、「国家と法律」は一体のものと理解されるほかはない。「国家の死滅」は同時に「法律の死滅」でもあった。革命直後に、貨幣を廃止して「配給切符」による現物経済を試みたことがあり、そのことを「共産主義への接近」として理解・賞賛する者すらいたが[17]、同じように「法律の死滅」という志向性が強かったのである。

だが、法律は「技術的規則」に取って替えられると解釈してみても、現実には革命政権の施策が法律というレベルで整備される必要はなくならない。そこで、「プロレタリア法」の必要性が認識されることになった。しかし、藤田氏によれば「その理解はあいまいであ」[18]った。こうして、「革命的適法性」なる言葉を基軸にすえて、新しい秩序の法律的整備を図ることになった。

レーニンたちは、一九一八年一月に第三回全ロシア労働者兵士ソヴィエト大会で「勤労被搾取人民の権理宣言」を決定した。この大会の開会にあたっては「インターナショナル」が歌われ、その後で「ラ・マルセイエーズ」が吹奏された。周知のように、この過程の前段にはその九日前の憲法制定会議の解散問題がある。この時、レーニンは「革命の利益は憲法制定会議の形式的権理よりも尊い」という立場を断固として貫徹した[19]。この立場と論理は、その後のロシア革命を貫く重い制動となった。同年七月の第五回全ロシア・ソヴィエト大会では憲法が決定された。この一九一八年憲法は「世界最初のプロレタリア憲法」である。

この二つの基本的文書では「個人的権理・自由」は規定されておらず、「労働の権理」さえ欠落していた。そこでは「言論、出版、集会、結社」については規定している。だが、藤田氏によれば、それらは「前憲法的な市民の基本的人権の憲法的保障という論理で規定されているのではなく、『勤労者』に『保障』する[20]」という形であった。つまり「非勤労分子は明らかにそこから排除されて」おり、しかも国家が上から「保障する」ものとして位置づけられていた。このように、「人権」が無視されたのは、この革命の最初の段階では、「階級的立場」を優先させることこそが追求されたからである。

藤田氏によると「革命後の新しい裁判制度のあり方についてボリシェヴィキがあらかじめもっていた構想は、人民による裁判官の選挙とリコールという点にほぼ集約されるものであった[21]」。当時は「革命的大衆は自然発生的にみずからの人民裁判所を創造しつつあった」。それらの裁判における「唯一の基準」は裁判官の「革命的良心と革命的法意識」であった。藤田氏は、この時期の考え方の典型としてルナチャルスキーの文章を例示している。

一八年二月の「布告第二号」には「勤労者階級の法意識」や「社会主義的法意識」という表現

が使われた。

一九一八年に、社会主義アカデミーが創設され（のちに共産主義アカデミーと改称）、その副総裁にパシュカーニスが就任した（初代総裁は歴史学者のポクロフスキー）。

同年一一月の第六回ロシア・ソヴィエト大会では「法律の正確な遵守にかんする」決定を採択した。藤田氏によると「革命的適法性というスローガンがここにはじめてあらわれる」。

一九二一年からの新経済政策（ＮＥＰ――市場の活用と税の金納への転換を核心とする）の開始は、さらに法律の位置と役割を高めることになり、法理論もさまざまに展開された。一九二七年には、共産主義アカデミーの「法と国家の一般理論セクション」の機関誌『法の革命』が創刊された。藤田氏は、この時期の主流の理論を「二〇年代マルクス主義法理論」として把握している。

その後、三〇年代になると、二度にわたって転換が起き、二〇年代には基調になっていた「法の死滅」は誤りとされ、それまでは否定されていた「社会主義法」が探究されることになる。

この過程は周知のように、二四年のレーニンの死後にスターリンが権力を掌握する党内闘争の渦中でもあり、トロツキーやブハーリンが「反革命」として失脚する劇的な変化と重なっている。「一国社会主義」への転換が理論分野にも及び、その新しい路線の正当化のための護教論への堕落を強制することになった。経済学ではルービンが、歴史学ではポクロフスキーが、哲学ではボグダーノフが排斥された。そのなかで、法学戦線での転換を「指導」したのが、パシュカーニスであった。

### B 「スターリン憲法」での転換とペレストロイカの挫折

その後の歴史についてもごく簡略に整理しておこう。

一九三〇年代にはスターリン体制が成立するが、一九三六年末の第八回臨時全連邦ソヴィエト大会で新しい憲法——いわゆる「スターリン憲法」——が制定された。「それは、階級代表制原理を廃し、市民的平等の原理によって構成されることになった[22]」。「はじめて独立の一章を設けて市民の基本的権利・義務の体系を規定することとなった」。それは、一八年の「権理宣言」からの「原理的転換」であった。これより四年前にはそれまでの「革命的適法性概念が社会主義的適法性という概念に転換」されていた。三六年憲法には「労働の権理」も規定されたが、これまでエンゲルスによって否定されていたこの概念が盛り込まれたことについて、大江氏は、A・メンガーの影響を受けていたカチョロフスキーによるものではないかと推測している[23]。

次の段階はスターリンによる粛清の時代を経た後、スターリンの死後三年、一九五六年の第二〇回党大会から始まる。この大会以降、ソ連は社会主義的適法性の再建・強化路線を取ることになる。「一九五六年に始まる政治改革はまず第一に社会主義的適法性の再建を標榜した[24]」。一九六〇年代になって、「『社会主義的人権』という概念が次第に一般的承認を得る」ようになった。この路線がスターリン時代における人権の蹂躙への反省に立脚するものであることは明白であるが、その位置づけについてはなお評価が定まってはいない。

一九六一年の第二一回党大会で決定した「綱領」で、それまでの「プロレタリアート独裁国家」に代わって「全人民国家」論が打ち出され、一九七七年に改訂された「憲法」では、憲法の帰属主体がスターリン憲法での「勤労者」から「人民」に変更され、八〇年代になってようやく「『人権』という概念がポジティブなものとして承認されるように[25]」なった。

八〇年代半ばからの、ゴルバチョフによるペレストロイカのなかで、一九八八年六月の第一九回全党協議会と翌年の第一回ソ連邦人民代議員大会で「法治国家」への転換が明示され強調された。そして、九一年九月のソ連邦人民代議員大会で「人間の権理と自由の宣言」が採択された。だが、この時は周知のようにあの八月クーデターとその失敗の直後であり、この年の一二月にはソ連邦は解体されてしまった。

## C　パシュカーニスの悲劇

さて、以上でその概略をみたソ連邦の法学戦線において、とくにその初期に大きな位置を占め指導的役割を果たしたのがパシュカーニスであった。

パシュカーニスは、一八九一年生まれで一九三七年に没した。ギムナジア時代から革命運動に参加し、一九一〇年に国外追放され、一八年にロシア共産党に入党した。ソ連邦の法学戦線のトップに位置し、主著『法の一般理論とマルクス主義』は法学における綱領的文献とされ、国際的にもパシュカーニス理論として広く評価された。三六年のいわゆるスターリン憲法の起草にも参加したが、翌年に大粛清の犠牲者となった。八〇年には名誉回復された。――以上は『二〇世紀西洋人名辞典』[26]の要約である。補足すれば、「ソヴィエトの偉大な理論家」と賞賛され三六年一一月には司法人民委員〔法務大臣〕代理に就任するが、翌年に突如、その理論が「トロツキズムに通ずるもの」とされ、「反革命」の烙印を押され、粛清された。

パシュカーニスは、①前節で明らかにした〈マルクス主義における法(律)問題の空白〉、②ロシアの遅れた〈法文化〉という二つのハンディーを背負いながら、この前人未到の新境地において、〈社会主義と法〉をめぐって研究し、苦悩し、しかも粛清された。残念ながら、パシュカーニスの粛清についてはあまり明らかになっていないようであるが、私には〈パシュカーニスの悲劇〉として、ソ連邦における歴史的経験を象徴することができるし、そうすることによって、この痛苦な歴史的経験から学ばなくてはならないと思われる。

パシュカーニス理論について学び検討することも他日の課題とするしかない。パシュカーニス理論の弱点については、彼が「法律」について『資本論』の「商品論」の論理をただ適用しようとした点にあるとこれまで指摘されていた。だが、大江氏は、「マルクス主義……が本来もっている限界」と「ロシアの法文化に強く制約されている」点を指摘し、「憲法学上の主要カテゴリーを『法律学的』な問題として論ずることができなかったパシュカーニス理論の構造[27]」を問題としている。

## 第3節　歴史の教訓と新しい課題

本節では、以上に見てきた〈社会主義と法〉をめぐるソ連邦の経験から何を学ぶことができるのかを探り、〈連帯社会主義〉をめざす私たちが解明しなければならない新しい課題の所在を明らかにする。

### A　清算主義ではなく歴史に学ぶ立場を

私たちにとってもっとも肝心なことは、ロシア革命の勝利によって、マルクス主義者は——別言すれば人類は、初めて社会主義をめざす革命の後の新しい社会（＝〈過渡期社会〉）の建設において〈法律の問題〉が緊喫の重要課題であることを意識することになった点である。亡命地イギリスでドーバー海峡を隔ててパリ・コミューンの鬨の声に共鳴することしかできなかった、一九世紀のマルクスを超える地平に立つことができたのである。正確には、もしこのように認識すれば、であるが。別言すれば、ロシア革命は前述のエンゲルスの、A・メンガーにたいする誤った反発を超えることを促した。もし、マルクス主義陣営がもう少し公正で柔軟な姿勢を保っていたなら、自分たちは、マルクスやエンゲルスを超えて進んでいるのだとむしろ誇りをもって主張することもできた——前記の二〇年代の発言はそのことも幾分かは示している——はずなのに、ソ連邦ではレーニンの無理解と反発につづくスターリン主義的歪曲のなかで、逆にマルクスやエンゲルスの「権威」を借りて、定かならぬ自説の「正統性」を唱えることが多くなっていった。そして数十年が経ち、歪曲の果てに、ソ連邦は崩壊してしまった。

ソ連邦が崩壊すると、それまではソ連邦の暗い現実に向き合うことを避けて批判を控えていた人びとの少なくない部分が「社会主義の敗北」説に流され、もう「社会主義はまっぴらご免だ」ということになり、ロシア革命を振り返ること自体が懐古趣味とされてしまった。だが、時流に乗るだけのそのような軽薄な健忘症に陥っていたのでは、歴史から何かを学ぶことはできない。E・H・カーが言うように「歴史は過去と未来との対話である」[28]。あるいは「温故知新」と言うではないか。言うまでもないが、私たちのこの立場は、ロシア革命の歴史的限界を見定めることもなく、ただ旧懐的にロシア革命を観賞・感傷する怠惰な姿勢とはまったく違う。そして、カーが「未来」と設定したのは他ならぬ〈社会主義〉だったのであり、その時代的要請はなお有効である。

私たちが求めて掴み取りたいと意志するのは、さまざまな歴史的制約のなかで、真摯な努力を重ねてきた苦闘の意味である。新しい社会の建設のために、無人の荒野でさまざまな試行錯誤が重ねられてきた。「後知恵」で、それらの限界だけをあげつらっても確かな認識は獲得できない。

法学を研究する姿勢については、今日ではわが国のマルクス主義法学者のなかからも反省が示されているので紹介しておくほうがよい。

主要なマルクス主義法学者を結集して一九七〇年に「社会主義法研究会」が創られ活動していた。一九九一年に開かれた第四回全国研究総会では次のような議論が交わされた。総会の冒頭で、篠田優氏がまず「一九八〇年代末以降の社会主義体制の激動過程は、われわれに、これまでの対象把握に果たして弱さ、甘さはなかったか、という問題を突きつけているように思われる[29]」と反省している。篠田氏は、前述の稲子氏や藤田氏の理解を批判的に検討する必要を促している。この前年には「擁護法学」「配慮法学」というやや自虐的な言葉で、大川睦夫氏が反省していたようである。小森田秋夫氏もこの言葉にこだわっているが、この言葉だけでは専門家以外にはすぐには理解できない。つまり、ソ連邦などの現実の否定面を直視せずに、その現実を「擁護」したり「配慮」を優先する思考法・立場のことである。

大江氏は、本稿冒頭にあげた論文で、さらに内容的に日本マルクス主義法学の限界を明らかにする。「戦前からのソヴィエト法研究者である山之内一郎[30]」や長谷川正安氏や藤田勇氏らを対象にして、その理論的限界をえぐり出している。長谷川氏は山之内を「輸入法学」として批判したというが、大江氏によれば、「主権」をいかなるものとして理解するか――この問題こそ法学や国家論の核心である――という問題に焦点を当てれば、両人は「〈没法学的〉ないし〈脱法学的〉な性格という点において共通しており、実質的にはほとんど差がない」と批判されている（「主権」の問題は後述）。

### B 「人権」と「主権」を定位できなかったマルクス主義法学

前節で略述したように、ロシア革命いらい、法律や人権の位置そのものが首尾一貫したものではなく、大きな変化＝転換をとげてきたのである。私たちはすでに、ロシア革命後の経済建設が確たる展望と手段を欠いた手探りの連続であったことを明らかにしてきた[31]が、政治の領域においても事情はまったく同じだったのである。

藤田氏は「二〇年代マルクス主義法理論」には「今日もなお充分に検討の余地のある豊富な問題提起が凍結されてある[32]」と確認し、「三〇年代の転換」は前進ではなくて「逆行」だと評価している。事態のマイナス面に言及するときは「独特の」とか「一定の時代的性格を担う」と表現する藤田氏の態度は今日から見ればとくに気になるが、それこそ「一定の時代的性格を担う」ものとして理解するほかない。

そもそも「人権」をどのように考えるのかという根本問題があった。ここで「人権論」に深入りすることはできないが、高柳信一氏が「近代国家における基本的人権」で優れた認識を示している。「思想の自由」などを「政治権力によって侵されてはならないという当為性をもった実践的概念として憲法的次元において問題にするばあいには、これを『人権』と称する[33]」のである。「基本的人権の理念は、近代という一歴史的社会における・国家権力と個人の自由の関係を支配する原則を最も本質集中的に表現する理念である。……一定の価値観に立った人間の意欲的な精神活動によってはじめて構想され、不屈の現実的活動によって実現されるところのものである」。

ところが、マルクスやレーニンの場合には、資本制社会の政治体制を「ブルジョアジー独裁」と見る立場からこのような認識は排除されていた。前記の「社会主義法研究会」の第四回全国研究総会で笹沼弘志氏が問題にしているように、「日本のマルクス主義法学・ソビエト法学の第一人者・藤田勇は……『人権カテゴリーの揚棄』を主張した[34]」。「……社会主義革命は、人権擁護の政治的スローガンをともなうとしても、その社会的論理そのものからして、歴史的カテゴリーとしての人権を否定するものとならざるをえない[35]」というのが藤田氏の結論である。この省略部分には「人権が……であるとすれば」という妙な仮定あるいは限定がかぶさっている。「社会的論理そのもの」とは何かも不明である。なぜ、「政治」や「経済」ではなく「社会的」なのか。ともかく「人権カテゴリーの終局的揚棄」が展望されていたのである。

この主張は藤田氏ひとりの特異なものではなく、ソ連邦で公認されていた教条であり、いわば正統派のなかでは共通の理解であった。教条的な傾向の強い針生誠吉氏によれば、「社会主義型人権の原型として考えられているのは、一九一八年の『勤労し搾取されている人民の権理宣言』である。ここでは人権は階級権として本質的な変化をとげている[36]」と思われていた。針生氏は、この後にカッコして「社会主義型においては基本的人権といわずに公民権といったりするが……」と補っている。つまり、「人権」は「ブルジョア的人権」として嫌われていたのである。

針生氏は「社会主義型における基本的人権の完成ではなく人権の死滅への理論に賛成する」と、自らの立場を表明している。針生氏には、私たちが前節で確認した「スターリン憲法」における転換はまったく理解されていない。

「平和の揚棄」とか、「生産力の揚棄」とは言わないのに、なぜ「人権は揚棄」されるとか「死滅」というのか。このように「人権」を積極的に評価できないところに、マルクス主義とその法学の根本的錯誤と欠陥があったのである。

「人権」と密接に関連して「主権」の問題がある。一七世紀にフランスのボダンが初めて明確にした「主権」概念も政治学や法学における難問の一つであり、私にはなお自分の言葉で説明することはできないが、私は少し前に〈則法革命〉を提起した論文で、杉原泰雄氏の「人民主権」論を取り上げて検討した際に、「問題が、『主権の原理』の問題として立てられていることに注目する必要がある」[37]と肯定的に評価した。数年前に大江氏は、前記の論文で「社会主義における『主権』が近代的主権概念を原理的に超えるものでないことを主張し、それを論証しなければならない」[38]と注意していた。私には充全に「論証」することはできないが、ここに急所があることは再確認することができる。大江氏は藤田氏の「『概説ソビエト法』が『主権カテゴリーに及んでいない』という事実」をあげてその限界を指摘している。意表を突くことになるが、大江氏によれば「『人民主権』は、ソ連〔などの〕憲法学における〈失われた概念〉だったのである」！　大江氏はそれらのことを「憲法学からの逃走」と表現している。しかし、「逃走」と言うよりは〈回避〉ではないだろうか。「逃走」には一度は辿り着いた地点から逃げるという意味が強いからである。

この〈主権〉の問題はさらに、革命の形態についても再考を迫るものである。これまでは、「革命」は「国家権力の獲得」として強くイメージされてきたが、そのことの適否が根本から問われなくてはならない。結論だけ言えば、私は〈則法革命〉として新しい道を探究する必要があると考えるにいたった（「〈則法革命〉こそ活路」『連帯社会主義への政治理論』所収、参照）。

さらに、マルクスが定立し、その後の世界の社会主義運動に巨大な影響を及ぼした「唯物史観」についても根本的に検討する必要がある。つい最近、大江氏の別の論文に次のような一句が引用されているのを発見した。「人びとはどのように裁かれていたのか。一つの社会システムを知るのに、この問いにまさる試金石はない」(39)。マルク・ブロックの名著『封建社会』に書かれてある言葉だという。「生産関係」のあり方に最重点をおく「唯物史観」に親しんだ者からすれば、とんでもないということになるだろう。いずれを採用するかというよりは、おのおのの視点から、社会のどの側面がよく認識できるのかと考えたほうがよいのではないだろうか。

この課題については、昨年秋に「『唯物史観』の根本的検討」を発表したので、それを読んでほしいが、「唯物史観」を根本的に検討して、その結論として「唯物史観」を超える必要を確認することになっても、そのことはロシア革命の歴史的意義を否定することにはならない。むしろ逆である。ロシア革命の歴史的意義――同時に歴史的限界――をより深く明らかにすることに通じるであろう。私たちにとって大切なのは、「教条」ではなくて〈現実〉である。「理論」を当てはめたり、その正しさを証明するために「現実」があるのではなく、〈現実〉をより深く理解するためにこそ〈理論〉は必要なのである。「事実の認識を呼び覚ますところに思想がある」と言われているように、主体の側の創造的モメントはきわめて重要であるが、それとても「無」のなかに新たな「事実」を発見することはできない。

私たちは、二一世紀の幕開けのなかで、「欧米で成立した国際法を超越する世界法[40]」の必要性が浮かび上がっている新しい現実に直面しながら、〈社会主義と法（律）〉という問題意識をさらに研ぎ澄まさなければならない。一言でいえば〈連帯社会主義〉をめざす〈則法革命〉の探究と実践こそが、二一世紀の人類的課題なのである。

〈注〉

(1) 村岡到「〈社会主義と法〉をめぐるソ連邦の経験——藤田勇著『ソビエト法理論史研究』に学ぶ」「稲妻」第三二〇号＝一九九九年六月一〇日。

(2) 大江泰一郎「社会主義憲法と戦後憲法学」。樋口陽一編『講座・憲法学』別巻、日本評論社、一九九五年。

(3) 大江泰一郎『ロシア・社会主義・法文化』日本評論社、一九九二年、i頁。

(4) 星野英一『民法のすすめ』岩波新書、一九九八年。大江泰一郎講演、オルタ・フォーラムQ主催の「フランス革命二一〇周年討論会」、一九九九年五月二九日。

(5) 藤田勇『ソビエト法理論史研究』岩波書店、一九六八年、一八頁～二〇頁。一九六六年に刊行され話題となった菊地昌典の『歴史としてのスターリン時代』（盛田書店）には「のちにスターリンの犠牲となった優れたマルクス主義法学者E・B・パシュカーニス（司法人民委員代理）」と書いてある。菊地の『歴史としてのスターリン時代』は新左翼だけでなく広く話題になったが、藤田氏の『ソビエト法理論史研究』は無視された。この対比的事実がなぜ生じたのかを、著者の姿勢・政治的立場・テーマの違い・読者対象の違いを軸に分析することも有益だろう。伝記〈パシュカーニスの悲劇〉を専門家が執筆することを切望する。

(6) 村岡到「『価値・価格論争』は何を意味していたのか」。石井伸男・村岡到編『ソ連崩壊と新しい社会主義像』時潮社、一九九六年、参照。

(7) 藤田勇『ソビエト法理論史研究』九一頁。

(8) 平野義太郎『マルクス主義の法理論』一九三二年、大畑書店。戦後、改訂増補＝有斐閣、一九五七年。

(9) 稲子恒夫「社会主義法はなんであったか」。社会主義法研究会『社会主義法の変容と分岐』法律文化社、一九九二年、八頁。稲子氏によれば「スターリン主義とは……第一に個人崇拝である」（一三頁）とのことだが、第二はない。

(10) アントン・メンガー『全労働収益権史論』森戸辰男訳、弘文堂書房、一九二四年、八頁、七〇頁。（訳題を変更して未来社からも刊行された）。〈生存権〉の問題については、村岡到「〈生存権〉と〈生産関係の変革〉」『カオスとロゴス』第一一号＝一九九八年六月、参照。

(11) エンゲルス「法曹社会主義」『マルクス・エンゲルス全集』第二一巻、大月書店。エンゲルスは、「マルクスは……その理論的著作のなかではおよそどんな種類の法的要求もしていない」だとか、「マルクスの理論的な諸研究においては、つねに特定の社会の経済的諸条件を反映しているにすぎない法学的権理は、まったく副次的に考察されているにすぎない」とまで書いている（五〇六頁）。

(12) レーニン「政論家の覚書」一九二〇年、レーニン全集、第三〇巻、三六八頁～三六九頁。この問題については、「オーストリアの社会主義理論の意義」(『連帯社会主義への政治理論』五月書房、二〇〇一年)でも触れた。

(13) 川端香男里『ロシア――その民族とこころ』講談社学術文庫、一九九八年、一九頁。

(14) 稲子恒夫「社会主義法はなんであったか」一四頁。

(15) 『選択』一九九八年二月号、参照。

(16) 藤田勇『ソビエト法理論史研究』三五頁。

(17) 村岡到「レーニンの『社会主義』の限界」『協議型社会主義の模索』社会評論社、一九九九年、一二四頁~一二五頁〔本書、一〇六頁〕、参照。

(18) 藤田勇『ソビエト法理論史研究』三八頁。

(19) 藤田勇「ロシア革命における国家と法」。江口朴郎編『ロシア革命の研究』中央公論社、一九六八年、参照。

(20) 藤田勇『概説ソビエト法』東京大学出版会、一九八六年、一六頁。同「ロシア革命と基本的人権」『基本的人権』1、東大出版会、一九六八年、三三〇頁。

(21) 藤田勇「ロシア革命における国家と法」七〇二頁、七〇七頁=『概説ソビエト法』一七頁、七〇八頁。

(22) 藤田勇『概説ソビエト法』三八頁、三九頁、四一頁。

(23) 大江泰一郎『ロシア・社会主義・法文化』一四一頁。

(24) 藤田勇『概説ソビエト法』四九頁、三三〇頁。

(25) 藤田勇『概説ソビエト法』三三二頁。

(26)『二〇世紀西洋人名辞典』日外アソシエーツ、一九九五年。
(27)大江泰一郎「社会主義憲法と戦後憲法学」一一五頁、一一六頁。
(28)E・H・カー『歴史とは何か』岩波新書、一八四頁、四〇頁。
(29)社会主義法研究会『社会主義法の変容と分岐』一四一頁、一四五頁、一八七頁。
(30)大江泰一郎「社会主義憲法と戦後憲法学」一〇三頁。
(31)村岡到『協議型社会主義の模索』参照。
(32)藤田勇『ソビエト法理論史研究』九頁、四〇八頁、四二六頁、五三頁。
(33)高柳信一「近代国家における基本的人権」『基本的人権』1、東大出版会、一九六八年、四頁、一二頁。
(34)笹沼弘志「ソビエト一八年憲法と『人間の権利』」。社会主義法研究会『社会主義法の変容と分岐』一九四頁。
(35)藤田勇「社会主義社会と基本的人権」『基本的人権』1、三五三頁、三五一頁。
(36)針生誠吉「人権保障における近代立憲主義型と社会主義型」『基本的人権』1、三〇九頁。
(37)村岡到「連帯社会主義と則法革命」改稿して『連帯社会主義への政治理論』五月書房に収録。
(38)大江泰一郎「社会主義憲法と戦後憲法学」一〇四頁、一〇六頁、一〇九頁。
(39)大江泰一郎「ロシア史における訴訟と社会秩序」。歴史学研究会『紛争と訴訟の文化史』青木書店、二〇〇〇年、二〇二頁。
(40)河上倫逸「世界法の構築と日本の使命」「朝日新聞」二〇〇一年一月一日。「論壇」の「二一世紀の入り口で」のトップに位置づいていることに注意。

〈追　記〉

ロシアの法文化と併せて、ロシア革命がフランス革命との類似性を有していたことについても理解する必要がある。この点については、ハロルド・ラスキが一九三二年に著したStudies in Law and Politics（その一部が『フランス革命と社会主義』として邦訳、創文社、一九五六年）で明らかにしていた。

**「法の階級性」——沼田稲次郎の場合**

「法の階級性ということは、今日、なんらかの意味で、なにほどか承認しないような学者はあるまい。ことに、マルキシズムの立場に立つひとびとにとっては、いまさら、いうもおこがましいほど自明なことなのである」。

今は使われない「マルキシズム」の用語から古いものと推察できるだろうが、文中の「今日」とは何時のことか。この一句は、法学者・沼田稲次郎の『増補　法と国家の死滅』（法律文化社、一九七一年）の「I　法の階級性とその死滅」の冒頭に書かれている。「増補」前の『法と国家の死滅』は一九五一年に刊行された。七五年に増補第二版。つまり、四半世紀に渡ってこの認識は、マルクス主義の通説として違和感なく認められていたから、増補を重ねていたのである。

「増補第二版　序文」に旧作について「かなり独断的に安易に描いたデッサンの上に、現実的諸問題の批判や法律学の絵具をぬりつけて来たようにも思われる」と意味深長な反省が記されている。

# レーニンとオーストリア社会主義

## はじめに

この〈二〇一四年〉一一月に、「現代世界の課題とレーニン」と題する一一月シンポジウムが開催される。[1] 一九二四年一月に五三歳で病没したレーニンを記念するもので、すでに二回のプレ研究会が開かれ、四つのテーマで報告がなされた。私も「レーニンとオーストリア社会主義」をテーマに報告した。以下は、その報告をまとめたものである。

なぜ、いまどき〈レーニンとオーストリア社会主義〉なのか？ 一九九一年末のソ連邦の崩壊は、全世界的に左翼運動の崩壊・退潮を招いた。解体した「正統派」の共産党も少なくなく、その正統派をスターリン主義として断罪してきた新左翼潮流も各国で衰退している。運動圏だけでなく、理論的にも衰退は著しい。「社会主義の敗北」が大宣伝され、進歩的とか民主的とかと形容されてきた研究者なども方途を見失い、意気消沈して声をあげない。

小さな声ではあるが繰り返し提起しているように、私は、一九九一年一〇月に「朝日新聞」の論壇に掲載された一文「社会主義再生への反省」〔本書に収録〕で結論したように、「これまでの社会主義の思想と理論のどこに見落としがあったのかを再検討することこそが、社会主義の再生の道だと、私は考える」と明示した。これだけでは半歩にも及ばないが、この一〇年余、私はそれなりにその内実を埋めてきたつもりである。

このシンポジウムの課題との関連で補足すれば、ソ連邦崩壊後、私の脳裡に終始一貫して据えられている問題意識は、次の発言である。「なぜ小さなものが大きく見えたのか?」。どんな凸レンズが作用していたのか。これだけでは何のことか分かるのは、この発言の主だけだろうから、説明が必要である。この発言は、大江泰一郎氏が一九九一年に東大社研が主催したシンポジウムで発したもので、発言の流れは、和田春樹氏が「マルクス主義のユートピア」は水準が低いと報告したことを受けて、批判的に発言した。(2) 和田発言の「マルクス主義」をレーニンに置き換えても、和田氏もそうしないでくれとは言わないであろう。

一般に人間の認識は、次のように深化してゆく。

A　問題がどこにあるのかを探り当てる。何が問題かが明らかになる。

B　その問題についての解答Xが提起される。

C　Xではなく、Yこそ正解だと提起される。

D　XもYも不正解で、その中間Zこそ正解だと提起される。

Dについては、フィヒテの箴言が残されている。フィヒテは「誤った命題は、普通、同じように誤った反対命題によって押しのけられる。後になってはじめて、人はその中間に存するところの真理を発見する」と説いた(3)。

さらに内容的に立ち入って考えると、同時に次のようにも展開される。

① Xは誤りだ。その根拠は○○である。――この認識過程も前記のように深化してゆくが、この段階は、Xは誤りだと気づいた点では一歩前進には違いないが、なお大きな欠落を残している。なぜ、それまでXが正しいと思われていたのかについて考察していないからである。それでは、Xを正しいと考えている人を納得させることは不十分にしかできない。つまり、認識はさらに次の段階へと深化しなければならない。

② Xが正しいと思われていたのは何故かを明らかにする。

歴史と経験に学ぶとはそういうことなのである。そして、私たちは、社会を根本的に変革するためには歴史と経験に学ぶことが不可欠だと確信している。

問題の所在が明確になるだけでも大変な苦労を経ているのが普通であるが、マスコミの流行などではそこはバイパスして、ただZらしきものをその位置が不明なまま、その「新しさ」ゆえにもてはやされていることが圧倒的に多い。なぜそこに批判対象が存在しているのかについて全く考えることなく、批判対象をただ闇雲に罵倒する雑文すら少なくない。②の問題意識などかけらもない。XだYだと抽象的思考はイヤだという人は、Xに日本共産党を、Yに新左翼を入れてもらえば、少しは具体的イメージが湧くかもしれない。かつ新左翼はなべて①のレベルに止まっていた。

大江氏に直接たしかめたわけではないが、「なぜ小さなものが大きく見えたのか？」という発言は、このような深化した解明をめざすべきであるという提起だったに違いない（このことについては、拙稿「レーニンの『社会主義』の限界」〔本書に収録〕で言及した）。

軽信と忘却がならわしとなっている思想的風土のなかでは、レーニンやロシア革命について振り返ることすら珍しくも貴重なものとなっている。中には、なお「偉大なレーニン」を三唱する傾向もないわけではないが、逆に後知恵によってその不十分さ、誤りを指摘し断罪する傾向もある。隠された真実を発掘することは大抵の場合、大きな努力を必要とするし、そのことに敬意を払うことは大切であるが、ここでももっとも困難で重要な課題は、なぜそれだけの大きな欠陥や誤謬をかかえながら、ロシア革命やレーニンが二〇世紀全体に大きな影響を与えることになったのかという問いである。歪んだ凸レンズから解放されて実像とその意義を明らかにしなければならない。

これで、なぜレーニンなのかについてはいくらかは理解できたであろう。

次は、なぜオーストリア社会主義なのか、である。

すでに前述のように「これまでの社会主義の思想と理論の見落とし」に触れたが、「九六％は未知のダークマターである」という最新の宇宙科学を持ち出さなくても、もちろん、私が見落としている問題は数しれず、分かっていると思っていることはわずかである。その見落としのかなり重要な一つがオーストリア社会主義だと、私は気づいた。以下の論述で明らかにするが、オーストリア社会主義はレーニンの社会主義論に鋭角的に対立しながらも、いやそのゆえにこそ、社会主義を貫く貴重な理論的業績だったのである。

〈オーストリア社会主義〉という問題意識までは到達していなかったが、社会主義像の刷新をめざす過程で、私にとって決定的な転機となったのは、一九九八年に出会ったアントン・メンガー（カール・メンガーの一歳下の弟）の生存権論であった（『全労働収益権史論』）。次に、ウィーンでハンス・ケルゼンに師事した尾高朝雄をとおして学んだのがグスタフ・ラートブルフである。ともにオーストリアの著名な法学者である。さらに、オットー・バウアーが立っていた。

ここで、「オーストリア・マルクス主義」とはしないで、〈オーストリア社会主義〉と表現する意味について説明しておこう。「オーストリア・マルクス主義」という用語は、アメリカの社会主義者ルイス・ボーディンが第一次大戦前に使い出したが、この枠取りでは、A・メンガーやラートブルフが視野から抜け落ちる。別言すれば、〈オーストリア社会主義〉と統括することによって、エンゲルスが「法学社会主義」として切り捨てた傾向からも学ぶことができ、「マルクス主義的社会主義」の弱点である法学的考察の欠如あるいは弱点を克服する拠点を確保できることになる。すでに四年前に個人紙「稲妻」に「オーストリアの社会主義理論の意義」(4)を書いたが、ここではバウアーにだけ焦点をあてて再説する。

## 第1節　オットー・バウアーの軌跡と業績

オットー・バウアーについては、ユリウス・ブラウンタールが『オットー・バウアー作品選集』(一九六一年)のなかで「一生涯像」を書いている。この部分が、上条勇氏によって訳出され『社会主義への第三の道――オットー・バウアーとオーストロ・マルクス主義』[5]として刊行されている。ブラウンタールは本書によると、バウアーより一〇歳年下で、一四歳で社会主義運動に参加し、バウアーの熱烈な支持者かつ協力者となり、ジャーナリストとして活躍。非合法活動、獄中体験をくぐり、イギリスに渡り、コミンテルン(第三インター)と対抗した社会主義インターナショナルの書記も務めた。「一生涯像」ではバウアーの伝記と思想が簡潔に描かれているので、もっぱら本書によって、まずバウアーの軌跡を辿っておこう。

バウアーは、一八八一年にウィーンで生まれた。父はブルジョア富裕層に属するユダヤ人であった。亡命を経て、パリで一九三八年に没した。ついでながら、レーニンは一八七〇～一九二四年、トロツキーは一八七九～一九四〇年である。多民族国家であったハプスブルク帝国の首都ウィーンは、ヨーロッパの中心に位置する、歴史的にも古くから文化が栄えた都市で、一九二〇年代には光輝くコスモポリスとして、学芸や思想のるつぼだった。つぶさに振り返る余裕はないが、世界史に名を残したその道の達人、思想家が多産され、きら星のごとくに活動していた。ウェーバー、ポラニー、シュンペーター、ケルゼン、シュッツ、フロイトなどがすぐにあげられる。それほど音楽に親しんでいない人でも、時代は下るがベートーベンやモーツァルトの名は知っているだろう。

幼少時から聡明だったバウアーは、一四歳のころマルクスと出会う。そこで、「父の富裕の源泉が父の工場の職工たちの労働にある」ことに気づく。貧しい級友と楽に進学できる自分の落差。後年、バウアー自身が、これらの「体験こそが自分を社会主義に導いた」と語っている。

多感な青年期に、父の希望でウィーン大学法学部に入学したバウアーは、二〇世紀初めの数年間、哲学者マックス・アドラー、経済学者ルドルフ・ヒルファディング、法学者カール・レンナーらのサークルに暖かく向かい入れられ、自らの理論と思想を深めていった。カウツキーが編集する『ノイェ・ツァイト』誌に、一九〇四年に掲載された「マルクスの経済恐慌論」が最初の論文となった。二三歳の作品である。カウツキーは、バウアーの印象について「私は若きマルクスを思わずにはいられない」と語ったという。

バウアーは、一九〇七年の国政選挙で大きく躍進したオーストリア社会民主党の議員団書記局に、同年秋から務めることになった。一四年に第一次世界大戦が勃発し、バウアーも兵役につき、一四年一一月にロシア軍の捕虜となり、一七年九月に復員した。

一九一八年一〇月にオーストリア革命によってオーストリア共和国が誕生した、その渦中に社会民主党の創立者ヴィクトル・アドラーが死去し、彼に厚い信頼を受けていたバウアーは彼の後をついで外務大臣に就任した（一九年七月まで）。一九年二月の選挙で社会民主党は四一％の得票を得て、キリスト教社会党と連立政権を組んだ。バウアーは、同年に議会が設置した「社会化委員会」の委員長にも就き、同時に二代目の党首となり、二〇年から三四年まで国会議員を務め、同党の心臓かつ頭脳として活躍する。

バウアーの人生を彩る夫婦の愛についても紹介しておこう。バウアーは、一九〇四年に一〇歳ほど年上のヘレーネに出会う。彼女は経済学を専攻していて、すでに結婚していた。バウアーは求婚し、内面的葛藤を経て彼女は離婚し、一四年に二人は結婚する。ブラウンタールは「互いに強く刺激しあう、稀有なほど実り豊かな結婚であった」と評している。

一九三三年一月のヒトラーによる政権樹立は、バウアーの予言どおり、オーストリアでも社会民主党の壊滅をもたらした。三四年二月にバウアーが指導したゼネストと蜂起が決行されたが、失敗する。社会民主党は禁圧され、その直後、バウアーはチェコスロバキアに亡命し、非合法の党活動に献身した。さらに三八年にパリに移住したが、二カ月後の七月に愛するヘレーネに見守られながら死の床についた。

バウアーの理論的業績についてはすぐ後で整理するが、レーニンとボリシェヴィキに対して「専制的社会主義」として仮借ない批判を加えながらも、スターリンによる「粛清」が伝えられた後の一九三七年にもなおバウアーは「われわれは、ソ連邦における社会主義を信ずる。現にあるソ連邦ではなく、未来のソ連邦を信ずる」と表明した。この表明が充全なものであったかどうかは検討を要するであろうが、反共主義との違いは明白であり、まさに社会主義への確信を貫いて、バウアーはその生涯を全うしたのである。

次にバウアーの理論的業績についてその項目だけ確認しておく。

バウアーは、一九〇七年に『民族問題と社会民主主義』を著わした。訳注によると、マルクス主義のなかで「民族の概念を初めて本格的に考察したのはバウアーであった」。太田仁樹氏の近作によれば、「バウアーによる民族性原理と民族運動に対する高い評価は、マルクス主義思想史において、際だったものである。バウアーは本書で、帝国主義の本質を民族抑圧と結びつけて論じた(6)」。

翌一九〇八年には「プロレタリアートと宗教」を発表した。バウアーは、党による反宗教宣伝の必要はないと主張し、社会主義的宣伝との分離が必要であると論じた。「世界観の問題は党の問題ではない」――これがバウアーの一貫した立場であった。

一九一九年に小冊子『社会主義への道――社会化の実践』を刊行する。この小冊子については後で少し説明する。

一九二〇年に『ボリシェヴィズムか社会民主主義か』を著わし、レーニンとボリシェヴィキを「専制的社会主義」として仮借なく批判した。

一九二一年に「農業政策の指導原理」を発表し、二六年に『社会民主主義的農業政策』を著わした。ボリシェヴィキの農業政策と根本的に異なるもので、「農民の収奪は愚か」だと主張した。

一九二三年に『オーストリア革命』を著わす。一九二六年、社会民主党のリンツ大会。バウアーは新しい綱領を提起し、代議員の大きな歓声のなかで、党大会を指導した。リンツ綱領は、民主政に依拠して則法的に政権を獲得する路線を打ち出した。

## 第2節　小冊子『社会主義への道――社会化の実践』

バウアーは、一九一九年に「社会主義への道――社会化の実践」と題する連続論文を発表し、すぐに全一〇節の小冊子として刊行された(7)。この小冊子は、「ヨーロッパのほとんどすべての言葉に翻訳された」。バウアーは、そのタイトルにも明示してあるように、「社会主義への道」を〈社会化の実践〉として明らかにした。いまでは死語に近い扱いを受けているが、かつては社会主義と言えば誰でも「計画経済」と答えていた。だが、この言葉は、私が一九九二年に明らかにしたように、マルクスはおろかレーニンさえ一度も使っていなかったのであり、当時は社会主義と言えば「社会化」と答えるのが慣わしであった。一九二〇年代に「計画経済」の語が流布するまで、〈社会化〉こそ社会主義をイメージするキーワードだったのである。だから、オーストリアでもドイツでも「社会化委員会」が組織された。前記のように、オーストリアの社会化委員会の委員長に就任したのはバウアーであった（ドイツではカウツキーが委員長）。

さらに、知るべきは、バウアーは何に対抗してこの小冊子を書いたのかである。革命家が著作や論文を執筆するのは大抵の場合には、批判すべき重要な対抗者が影響力をもって存在している時である。バウアーの論敵は誰だったのか。この小冊子が刊行される一年前に、ウェーバーが『社会主義』を著わしていた。正確には、ウェーバーは台頭するロシア革命とレーニンを念頭に、一九一八年六月にウィーンでオーストリア将校団を前に講演した。その講演が著作となった。前年一〇月のロシア革命は全世界に巨大な衝撃を与えていたからである。続いて一九年、ウェーバーは『天職としての政治』を著わした。ウェーバーは、社会主義はかならず官僚主義化すると批判を加えた。『社会主義』の訳者浜島朗氏によれば、「一九二〇年四月に第二次社会化委員会が発足するにさいし、民主党から委員を委嘱されたときに、社会化委員を固辞するばかりか、民主党を脱党し、政治生活から完全に離脱し(8)」たのである。『社会主義への道』は、なぜかウェーバーの名前は出てこないが、このウェーバーを鋭角的に批判するものでもあった。

バウアーは、「政治革命」と「社会革命」を峻別し、それぞれの主要な課題が異なると指摘し、「社会革命は建設的組織的な労働の事業」〔一〕であることを強調する（〈 〉は節を表示）。この立場から、「大工業の社会化」〔二〕、「工業の組織化」〔三〕を説き、工場を基礎とする「労働者委員会」の組織化が必要だと主張する〔四〕。この主張は、政治的な議院と生産を組織する生産院とを提起していたD・H・コールの理論を継承したものであろう。さらに、大土地所有についても社会化するが、その方法は、収奪ではなく、「徴収」つまり買い取るべきであるとする。その財源は「所有者全体からの累進財産税から支払われる」と担保している〔五〕。そして、「農民経営の社会化」〔六〕、「住宅用地と家政の社会化」〔七〕、「銀行の社会化」〔八〕を明らかにする。「収奪者の収奪」〔九〕では、「収奪は資本家および地主の所有の残酷な没収という形式で行うことはできないし、行われてはならない」と説く。最後の「社会化の諸前提」〔一〇〕では、「平和と労働はわれわれの任務の外的な前提であり、内的前提は広範な勤労人民大衆が社会変革を願望することである」と明らかにする。

さらに、「われわれは、一握りの少数者による全人民の支配を意味する官僚的社会主義を欲しない。われわれは、民主的な社会主義を、言い換えれば全人民の経済的自治を欲する」と明確にする。これは、レーニンとロシア革命の現実にたいする厳しい批判を意味するものである。

バウアーは、小冊子を「社会主義が破局的なカタストローフの結果としてではなく、目標を意識した労働者の収穫として到来するように、われわれは残らず働こう！」と結んでいる。戦争や破局を逆転するという危機待望型の革命論ではなく、徹底して主体の成熟に依拠する革命を、私たちはめざさなくてはならないし、この道こそが労働者・農民・市民の多数派を形成する正道なのである。

「戦争を内乱へ」をスローガンにして、ロシア革命に勝利し、その最高指導者の位置についたレーニンは、この小冊子をどのように受け止めたのであろうか。ブラウンタールは何も言及していない。多忙きわまりない難局のなかとはいえ、ドイツ語に堪能なレーニンにとっては読む気になればいとも楽に読めたであろう。だが、レーニンは「第九節（収奪者の収奪）の一、二カ所を一見」しただけで「読むのをやめ」、しかも「博識な馬鹿者」と非難した。(9) 何とも不誠実な対応である（トロツキーもどこかで同様の評価を下していたと記憶する）。

ところで、レーニンはかつてはバウアーを高く評価していたこともあった。先にバウアーがマルクス主義者のなかではいち早く「帝国主義の本質を民族抑圧と結びつけて論じた」ことを、太田氏から学んだが、続けて太田氏が明らかにしているように、遅ればせながらその論点の重要性に気づいたレーニンは、素直にバウアーを評価し賞賛した。(10) だが、いまや権力の座に着いたレーニンは、ボリシェヴィズムを批判するバウアーを許せなくなっていた。この時期のレーニンについて、今では日本共産党の不破哲三氏すら「レーニンの荒れ」を指摘するまでになった。不破氏の視野には入っていないようだが、この点もその「荒れ」の一つである。折角、不破氏は共産党の第二三回党大会を準備する過程で、社会主義について「社会化」の視点を復活させるようになったのだから、ぜひともバウアーについても論及すべきである。

日本でも世界でもレーニンが「馬鹿者」と蔑んだものを読むのは習わしではない。しかもドイツではワイマール共和国はすぐに崩壊し、オーストリア社会民主党も壊滅してしまった。だから、レーニンとロシア革命を正統と理解して人生を送る研究者や活動家のなかでは、バウアーを顧みるものはいなくなってしまった。

それでも、この小冊子は、日本では敗戦直後の一九四六年に日高明三（東大法学部卒業）が翻訳していた。しかし、研究者のなかでもこの日高訳本については全く無視されている（上条氏も、『アルフレート・シュッツのウィーン』（新評論、一九九五年）の著者森元孝氏も原典には論及しているが、触れていない）。私は幸いにも社会主義経済計算論争をフォローしていた際に、ある大学院生からその存在を教えられ、入手できた（ので、さっそく『カオスとロゴス』第一五号＝一九九九年一〇月、第一六号＝二〇〇〇年二月に全文を分載した）。

## 第3節　オーストリア社会主義

私は、前記の拙稿「オーストリアの社会主義理論の意義」でオーストリア社会主義理論の特徴を五つ――①平和の重視、②法律の重視、③歴史の必然性への批判、④民主政の重視、⑤革命の漸進性――あげた。それらを再説するスペースはなくなってしまったが、それらに貫かれている核心として、〈社会主義とイデオロギーとの切断・分離〉についてだけ、説明しておく。

ブラウンタールは「バウアーはマルクス主義を哲学体系と結びつけることに反対[11]」したと書いている。だが、この一句が引用形ではないところをみると、バウアー自身はそうは書いていないのであろう。まともな研究者ならこういうカ所は必ず引用できる文章を探し出すからである。いくら何でも、哲学者としてもよく知られているマルクスと「哲学体系」とを切り離すのは無理であろう。だから文中の「マルクス主義」は「社会主義」と理解したほうがよい。「社会主義を哲学体系と結びつけることに反対」というのなら、従来の呪縛に囚われなければ理解可能である。エンゲルスによって賞賛され期待されていた、ドイツのヴェルナー・ゾンバルト――彼もウィーンでも活躍した――は、マルクス主義を抜けた後に著わした『ドイツ社会主義』で、一八七種類の「○○社会主義」を数え上げているが、このことは「社会主義」がイデオロギー的に単一のものではなく、きわめて広範な要素と結合可能であることを示している。一八七種類の中には「サンジカリズム社会主義」「キリスト教社会主義」「愛情社会主義」などがある。[12]

実は、これと同じことを、後年、ラートブルフが主張していた。ラートブルフは『社会主義の文化理論』の「あとがき」で「社会主義は或る特定の世界観に結びつくものではない[13]」と書いた。恐らくこの二人以外にも同様な認識を表明した人間はいるのであろうが、その探究は専門家にまかせることにして、ここでは、「社会主義を哲学体系と」切り離すことがいかに重大な認識であるかについてだけ注意を喚起しておきたい。前衛党の問題や宗教の問題を考える場合に、この点は核心をなす要点である。ヨーロッパでは第二次世界大戦中にレジスタンスが展開されたが、そこでの有名な合い言葉の一つは「神を信じる者も信じない者も」であった。無神論者と信仰者も、連帯し共同することは可能なのである。単なる差し迫る政治的必要性というレベルにおいてではなく、根底的な意味において、両者の協力が可能なのであり、切実に必要でもある。そういう時代に私たちは生きている。このように展望することができれば、マルクスやレーニンの限界を超えて社会主義の味方は宗教者のなかにも、市井の愛ある善意の人びとのなかにも広く求めることができるのである。

〈注〉

(1) このシンポジウムについては、翌年、上島武・村岡到編の『レーニン　革命ロシアの光と影』（社会評論社）としてそこでの主要な報告者の論文を収録した。その「あとがき」（村岡）で、このシンポジウムの経過と全容を簡単に明らかにした。
(2) 大江泰一郎発言。東大社研『社会科学研究』第四三巻第一号、九四〜九六頁、七頁。
(3) 尾高朝雄『実定法秩序論』岩波書店、一九三二年、の「とびら」から。
(4) 村岡到「オーストリアの社会主義理論の意義」「稲妻」第三二九号＝二〇〇〇年六月一〇日、第三三〇号＝八月一〇日。『連帯社会主義への政治理論』に収録。
(5) ユリウス・ブラウンタール『社会主義への第三の道――オットー・バウアーとオーストロ・マルクス主義』梓出版社、一九九〇年。
(6) 太田仁樹「バウアー『民族問題と社会民主主義』の論理」『岡山大学経済学会雑誌』第三五巻第三号＝二〇〇三年一二月、二〇四頁。
(7) オットー・バウアー『社会主義への道――社会化の実践』アカギ書房、『カオスとロゴス』第一五号、第一六号に全文収録。
(8) ウェーバー『社会主義』講談社、一九八〇年、一二四頁。
(9) レーニン「政論家の覚書」（一九二〇年）全集第三〇巻、三六八〜三六九頁。
(10) レーニン「自決に関する討論の総括」（一九一六年）全集第二二巻、三七七頁。
(11) ユリウス・ブラウンタール『社会主義への第三の道』一二七頁。

(12) ヴェルナー・ゾンバルト『ドイツ社会主義』三省堂、一九三六年、七七頁〜八三頁。
(13) グスタフ・ラートブルフ『社会主義の文化理論』みすず書房、一九五三年、一三二頁。

〈追　記〉

ここに収録した論文は、注(1)の論集に同じタイトルで発表したものとほぼ同じである。理由は忘れたが、発表した論文のテキストがパソコンに残っておらず、その下書きのほうが保存されていたので、それを利用することにした。

### 「診療報酬」は〈協議経済〉の萌芽

日本の医療制度では、医師による医療行為の対価（「診療報酬」という）の算定は、市場経済の原理によるのではなく、厚生省の諮問機関である中央社会保険医療協議会（中医協）で決定される。「現物給付」「一物一価」を原則としているから、一つの医療行為や薬価は全国どこでも一律の点数となっている。僻地で成り立ての医師が治療しても、都会のベテランの医師と同点である。中医協は、保険者、被保険者、事業主を代表する委員（支払側）七人、医師、歯科医師、薬剤師を代表する委員（診療側）七人、公益を代表する委員六人の計二〇人で構成されていて、二年に一度改訂を実施している。まさに〈協議した計画〉によって算定されている。……〈協議経済〉の萌芽である。これまで、私も含めてこのことに誰も気づかなかったのは、医療問題の専門家と社会主義経済研究がまったく切断されていたからである。　『貧者の一答』のコラム（一七四頁）から転載。

# 第Ⅲ部　未来社会論

利潤の獲得を動機・目的とする資本制経済を超克する社会主義の経済システムはどのように構想することが出来るのか。市場経済をどのようにして超えるのか。労働の動機はいかに創造されるのか。

生存権を基軸に、〈友愛労働〉を実現し、「貨幣」に代わる〈生活カード〉と「市場」に代わる〈引換所〉を創造することが課題である。

# 社会主義の経済システム構想

## はじめに

先日〔二〇〇六年〕、「朝日新聞」の書評欄で野口武彦氏が「日本の思想界では、ごく最近まで『階級』という言葉は死語に近かった。日本は階級社会であるなどと発言する人間は、変人か『極端な政治思想の持ち主』かと見なされかねなかったそうだ(1)」と書きだしていた。長く死語扱いされていた「階級」用語が復活したのは、経済的格差が深刻な様相を深めたからである。「階級」用語が復活したのだから、「社会主義」もいずれ復活すると安易には考えられないほどに、「社会主義」は不人気となり、資本制社会に代わる次の社会を展望しようとする意欲ある少数の人たちのなかでも、「オルタナティブ」とか「持続可能な社会」とか「もうひとつの世界」とか、別の言葉で表現することのほうが多い。孤立するほどに真理に近づくというわけではないし、共通認識の拡がりのために対話と討論を創り出すにはその種の工夫も必要である。

他人から学ぶことが極端に忌避される日本の思想的風土では、とくに通説をくつがえす主張は伝わりにくいのであるが、社会主義を真正面から論じることがたまにはあってもよいであろう。野口書評の一カ月半後に「朝日新聞」の文化欄に「ベーシック・インカム(2)」と書いてあった。この言葉も、「階級」ほどではないが散見するようになった。〈基礎的所得〉と日本語で書かれないのは、この考え方が外来かつ「新奇」で慣れていないためであるが、私が一九世紀末のオーストリアの法学者アントン・メンガーが主張する〈生存権〉論に依拠して「生活カード制」を再論したさいに、フランスのアンドレ・ゴルツの「生涯保障所得」やエーリッヒ・フロムの「年間保障収入」などに着目して〈生存権所得〉を提起したのは一九九九年であった(「〈生存権〉と〈生活カード制〉の構想」『協議型社会主義の模索』七八頁)。こういうことも生じるのだから、意を強くして論じることにしよう。

第1節では、ソ連邦崩壊から何を学んだかを明らかにする。ソ連邦崩壊から一五年を経て、いま改めて社会主義を論じるからには、ソ連邦崩壊の教訓を明らかにすることが不可欠である。ここをバイパスして、マルクスにもどったり、逆に近年の流行を追って論じてもその意味は半減する。多くの人びとが「社会主義離れ」を起こしたのは、ソ連邦崩壊という歴史の巨大な「実験」の失敗、その悲惨な体験を基礎にしているからである。

第2節では、経済システムを構想するための六つの前提を明らかにする。

第3節では、社会主義経済での生産システムと分配システムはいかに構想できるのか、その概観を明らかにする。私は、前者を〈協議経済〉、後者を〈生活カード制〉として構想している。

## 第1節　ソ連邦崩壊の教訓

従来、社会主義経済と言えば、条件反射的に「計画経済」と答えるのが常識であった。ソ連邦でそれがうまく実現していたと思われていた時代——半世紀も前には、資本制経済の側に立つ高名な経済学者たちが「計画経済」に学ぶ必要があると考えていた。一九三一年——ヒトラーが政権につく二年前にはアムステルダムで恐慌を回避するために「世界計画経済会議」が主要国二〇有余から著名な経済学者を集めて開催された。日本でも雑誌『改造』には「昭和八年〔一九三三年〕は実業家も政治家もジャーナリストも実によく統制経済、計画経済を論じた」と書かれていた。世界恐慌が荒れ狂っていたときに、ソ連邦の第一次五ヵ年計画が素晴らしい成果を上げたと思われていたからである。第二次大戦を跨いでも、一九五七年のスプートニクの打ち上げ成功は「計画経済」の勝利として印象づけられた。

だが、実はマルクスは一度も「計画経済」と書いたことはなかった。レーニンは書いているだろうと思うだろうが、レーニン全集の索引には「計画と計画化」はあるが、「計画経済」はない。レーニンも一度も書いていないのである！

では、誰がいつ「計画経済」と言い出したのか。反社会主義の旗手F・ハイエクによれば、一九一九年にワイマール共和国の大蔵大臣が発明したということである。千種義人が『計画経済概論』の冒頭で「計画経済といふ言葉のおこり[3]」と項目を立てて明記していた。スターリンもほとんど使っていないが、国家計画委員会の機関誌のタイトルが、レーニンの死の直後一九二四年三月に『計画経済』と改題され、この言葉の流布に寄与したと思われる。一九六三年刊のH・ツァゴロフ編『社会主義経済学』では「計画性」に焦点が当てられ、その「指令的性格[4]」が強調された。一言でいえば、「計画経済」とは「指令経済」にほかならなかったのである。

胸を張って表現できない本質〔指令〕を別のオブラート〔計画〕で飾っていた経済システムが長続きするはずはない。ソ連邦の経済はわずか七〇数年で破綻した。ソ連邦の経済の特徴はどこにあったのか、ごく簡単に見ておこう〔拙稿「ソ連邦経済の特徴と本質」参照〕。

ソ連邦の経済を一貫して悩ませた諸問題は、①生産資材の凍結、②闇経済の跋扈、③生産資材の浪費・無駄な生産、④駆け込み生産、⑤計画当局の無知、⑥価格体系の恣意性、⑦官僚制の肥大化、⑧労働意欲の喪失、である。

見ただけで分かる事項については説明する必要はないが、ソ連邦で特有の事象も少なくない。

生産資材の凍結：トヨタのかんばん方式が定着している資本制経済では考えられないが、ソ連邦では上からの計画――官僚の恣意によって頻回に変更される――を遅滞なく実現するためには、生産資材をすぐには活用しない場合にもため込んでおかないといけなくなり、各企業には「トルカーチ」という資材確保の特別の係りが必要だった。

駆け込み生産：品質に顧慮することなく、ノルマの達成だけに追われ、計画がやたらに変更されることもあり、最初は生産しないで、納期ぎりぎりに生産するようになる。

価格体系の恣意性：生産フォンドは価値形成要素ではないとする考え方や生活必需品・医療は低廉であることがよいとされていたために、価格体系が適正ではなかった。

ソ連邦の経済は、このように幾重にも不合理な要素を抱えていたために、低レベルの生産水準の時期には生産力の飛躍的向上も実現できたが、次第に経済は不整合の度合いを高め、やがて破綻してしまった。

ソ連邦の経済が破綻してしまったので、多くの人たちは、「社会主義離れ」を起こし、「計画経済」を見捨てると同時に、マルクスが基本的概念としては使ったこともない「市場経済」——一九六六年刊の『資本論辞典』には「市場価値」や「市場価格」はあるが、「市場経済」はない——に活路を見いだすことになった。だが、そこにしか活路は本当にないのであろうか。私は、マルクス主義を超克することを主張しているが、経済学についてはなおマルクスから深く学ぶ必要があると考えている。次の文章は大いにヒントになるのではないか。「共同の生産手段を用いて労働し、協議した計画にしたがって……」[5]（傍点は村岡）労働する。これは、『資本論』第一巻第一章に書いてある未来社会についての記述をフランス語版にしたさいに書き換えた部分である。広く流布されているドイツ語版では、傍点部分が「自覚的」となっていた。それをマルクスは「協議した計画にしたがって」と直したのである。その意味の解読とそれをヒントにした〈協議経済〉については、第3節で明らかにする。そこまで先走る前に、経済システムについて構想するためにはいくつかの基礎的認識を明確にしておく必要がある。

## 第2節　経済システムを構想する前提

人間の社会生活の基礎をなしている物質的・精神的財貨の生産という視点、あるいは次元で社会を捉えると経済が浮かび上がる。新しい経済システムを構想するにはいくつかの前提が必要となる。

第一に、労働と分配とを分離・切断して考えることが必要である。反社会主義の立場に立つL・ミーゼスが、一九二〇年に社会主義経済計算論争の口火を切った論文で「消費財の分配が生産およびその経済的条件から独立でなければならないということが、社会主義の特徴である」(6)と書いた。ミーゼスの意図とは別にこの認識は活かされるべきである。

この認識からは二つの重要な要点が導出される。一つは、分配論の重要性である。マルクスは生産関係の変革の重要性を強調するあまり、分配の独自の重要性を見落としてしまった。カナダのF・カニンガムも指摘している(7)し、トロツキーも『裏切られた革命』で「皮相な『理論家』は、富の分配は富の生産に比べて第二次的な要因だと(8)」考えると、マルクスには触れないで書いていた。もう一つは、従来は、「労働に応じた分配」が社会主義の原則とされていたが、それは誤りであるという認識である。ポラニーが紹介しているように、オウエンの実験村＝ニューラナークでは「なすべき仕事がないときでさえ被雇用者には労賃が支払われていた(9)」のである。

人間は生まれてきたら、生きる権理が備わっている、と考えなくてはならない。この〈生存権〉を基礎に据えて考えれば、〈労働と分配との分離・切断〉もすぐに理解できる。現在でも幼児などは働かないが、分配に預かり生きてゆくことができる。バブーフやA・メンガーが主張した「生存権」について説明している余裕はないが、エンゲルスの反発とは逆に、〈生存権〉こそ社会主義の原理的基礎なのである。

第二に、生産物の評価が絶対的に必要である。資本制経済におけるような「価値」ではないにしても、生産物に何らかの「評価」を加えないことには、A地点の生産物BとC地点の生産物Dとをいかなる比率で引換えたらよいのか分からない。ところが、マルクスが「価値法則の廃棄」と書いたものだから、ソ連邦では一九四三年から一〇数年間、「価値・価格論争」が展開されることになった。社会主義経済において価値法則が作用しているか、するかどうかを争点にしたこの不毛な論争の一つの特徴はまるでマルクスの引用合戦のようであった。

第三に、〈労働の動機〉をいかにして創造するのかが決定的な問題となる。このことは、ロシア革命勝利の後で直面した新しい課題であった。ボリシェヴィキのなかで経済学をもっとも深く理解していたプレオブラジェンスキーは、一九二六年に『新しい経済』で次のように書いた。

「社会主義的な労働刺激は、天から降ってくるものではなく、商品経済において形成された人間性を長期にわたって再教育する方法によって、集団的な生産関係の精神で再教育する方法によって発展させる必要がある」(10)。

私は、誇りをめぐる競争＝〈誇競〉が新しい〈労働の動機〉として創造されるべきだと、一九九八年に提起した。実は遠く一九〇三年に幸徳秋水は『社会主義真髄』で次のように書いていたのである。「衣食の競争を去って、知徳の競争を現ぜんと欲するなり[11]」。秋水は、アメリカのリチャード・イリーに学んで、社会主義では競争がなくなるのではなくて、競争の性格が変わるのだと主張した。ロシア革命の勝利の後、レーニンのボリシェヴィズムだけが正統派として崇拝する形で流入されるようになってからは、秋水を受け継ぐ者はいなくなってしまった。

第四に、経済の目的はいかなるものとして設定されるべきか。資本制経済では、マルクスが『資本論』で明らかにしたように、利潤が目的であり動機となっている。だから、どんなに人間にとって有害・粗悪であっても儲かるならば生産される。まさに「後は野となれ山となれ」である。社会主義では、経済の目的は、生存権の保障と万人の平等の実現として設定されるべきである。

第五に、〈情報の公開〉が決定的に重要である。この点は、社会主義経済計算論争のなかでH・D・ディキンソンが強調した。迫間真治郎が「ディキンソンの巧みな比喩」として「ガラス張りの壁」を引きながら生産における「民主的討議[12]」の必要性を主張したが、ほとんど顧みられることはなかった。資本制経済では特許と秘密を不可欠としているが、社会主義経済はそこを突破するのである。

第六に、農業の重要性をしっかりと確認しなければならない。経済の工業化の驚異的進展によって、農業は軽視されてきたが、生命を対象とする農業は、自然の摂理にしたがって営まれるほかなく、人間と自然とのあるべき調和・共生の道を教えてくれる。詳述の余裕はないが、今年五〇周年を迎えたハンガリー革命について、その直後に宇野弘蔵は「マルキシズムが、農業問題をいかに処理するかにかかわることと考える」[13]と論評していた。今日でも拡大ＥＵの予算の半分は農業補助金であり、その配分がつねに争点になっている。

これらの六つの前提を確認したうえで、いよいよ社会主義の経済システムを構想する。

## 第３節　社会主義の経済システム

### Ａ　生活カード制

まず、社会主義の分配システムを明らかにしよう。その前に断っておくほうがよいであろうが、生産システムの前に分配システムを取り上げるのは、生産よりも分配が重要だと考えているからではない。マルクスの行き過ぎは是正されなければならないが、正反対のことを主張すれば済むという問題ではない。ここで、分配システムを先に取り上げるのは、そのほうが社会主義経済の特徴、独自の意味をより鮮明に印象づけることが可能だと考えるからである。

私は、一九九四年に〈生活カード制〉を提起した。生活カード制の原理的仕組みは簡単である。

①人間は誕生すると、その生存に必要な生活資料に相当する一定量の〈生活カード〉を社会から月単位で給付される。生活カードには「ニーズ」という単位が表示される。

②人間は、給付された生活カードを用いて、〈引換場〉で好みの生産物と引換える。あるいは、公共の施設、輸送手段などをおのおのに表示されている「ニーズ」に応じて生活カードの「ニーズ」を減じてゆく。生活カードは使い捨てで同じカードが二重に使われることはない。資本制経済で馴染みの言葉を使えば、「貨幣」とは異なって「流通」することはない。

③上記の引換えが可能となるためには、いうまでもなく〈引換場〉に一定の量の生産物が用意されなくてはならないし、各生産物に「ニーズ」を単位とする評価数値がつけられる。公共の施設や運輸手段も整備され、その使用に必要な評価数値が表示される。それこそ無数に産出される生産物をいかなる基準でいかに「評価」するのかは非常に困難な課題であるが、アバウトでよいことと、コンピューターの発達が解決してくれると展望するほかない。経済についての人間の理解も変化するであろう。それらをいかにして用意・生産するかについては、すぐ後で明らかにする。

〈生活カード〉は、希望する生産物を消費のために入手するさいの〈引換手段〉としてだけ機能する（貨幣の主要な機能である蓄財機能は無い）。その機能に即していえば「引換カード」である。特定の生産物とだけ引換えることが可能な種々の切符とは異なる。「ニーズ」という計算単位がつけられているのは、生産物の較量が必要だからである。マルクスが『資本論』第二巻第一八章でちょっとだけ触れた「指図証券[14] Anweisung 」と同じである。マルクスは「この指図証券は貨幣ではない。それは流通しない」と書いていた。

〈生活カード〉は各地の〈生活カード給付委員会〉が給付する。すぐに問題になるのは、生活カードをどのような基準によって給付するのかである。〈給付基準〉については、年齢、身体的条件、地域的条件を考慮して、〈平等〉を貫く方向で社会的合意を形成するほかにない。社会全体の生産の総量をどの程度にするかについては、最高生産者協議会と最高消費者協議会の協議によって決定する。この二つの協議会については、規模・委員の選出方法など別に解明することにしたい。

生活カードは労働するしないにかかわらず給付されるから、被給付者がどんな労働に従事しているかはまったく関係ない。生活の難易さだけが給付量の差異をもたらす。難病の患者には医療にかかる分だけ増量する必要がある。大怪我をした場合にも給付は増える。このシステムでは、医療費を低く抑えることによって医療にかかり易くするのではなくて、反対に医療費の分を生活カードの付加給付によってカバーする。なぜなら、こうすることによってこそ〈生産物の評価体系〉――これこそソ連邦の経済学者と経済官僚がもっとも頭を悩ました難題であった――がより適正になるからである。

幼児や自分では直接に使用できない者に給付された生活カードをどの範囲の人間が代替的に使用できるようにしたらよいのかについては工夫が必要であろうが、システムの根幹を揺るがすほどの困難ではないであろう。それよりも問題なのは、生活カードの使用期限である。なお、住宅問題は別に対策が必要であろう。

〈引換場〉についてはほとんど問題はないであろう。資本制経済での市場に代わる〈引換場〉の役割は、その名のとおりに消費者が生産物を入手＝引換える場である。もう一つの役割は各生産物の需給関係を把握することにある。どの生産物が消費者にヨリ好まれるのか、を把握してその情報を〈生産物評価委員会〉に伝達することである。今日あるデパートやコンビニや小売店が施設としてはそのまま活用できるであろう。

ところで、宇野経済学では、「労働力の商品化」とその「揚棄」を強調していたが、〈生活カード制〉こそがその内実なのである

〈生活カード制〉の第一のメリットは、〈消費選択の自由〉を確保する点にある。社会主義経済計算論争で、ミーゼスやその弟子ハイエクが強調したのは、「社会主義経済」の弱点は〈消費選択の自由〉がなくなるという点であった。確かに、配給制では消費者の好みに応じることはできない。そこを彼らは突いたわけである。そんな「自由」はいらないのだと答えた者がいなかったわけではないが、そんな蛮勇は長続きしない。現実には、ソ連邦でも東欧でも「消費市場」を導入することによって〈消費選択の自由〉を可能にした。そこから、〈消費選択の自由〉を確保するためには「消費市場」が不可欠であり、したがって「市場経済」が必要だという議論に走った。

だが、「市場経済」に復帰したり、「消費市場」を導入しなくても、〈引換場〉と〈引換カード〉さえ実現すれば――もちろん生産物は必要だが――、〈消費選択の自由〉は確保できるのである。市場を不可欠だと考える論者が気にする需給関係もつかめる。

第二のメリットは、〈生産物の評価体系〉が適正に形成できるようになることである。ソ連邦では、マルクスの「控除」論にしたがって交通・医療・教育などが無料あるいは低廉であることが

理想と考えられていたので、それらの「価格」はきわめて低廉に設定され、「価格体系」がきわめて歪んでいた。ソ連邦における「経済改革」のなかでたえず悶着を引き起こしていたのが「価格体系」の不整合であった事実を想起すれば、この点をクリアーすることは大きな意義がある。

第三のメリットは、基礎的生産単位（企業）の〈解体〉が可能になることである。労働するしないにかかわらず〈生活カード〉は給付されるから、基礎的生産単位が〈解体〉しても、そこで働く者にとって経済的には何の痛痒もない（精神的には痛手であろうし、そのことが〈誇りをめぐる競争〉の動機の一つになる）。

第四のメリットは、「家父長制」の経済的根拠を打破することである。「家族」が形成され、そのなかで男の親が家族収入の主たる担い手になっていることが、彼の妻や子供たちが彼に従属せざるをえない経済的根拠であることは、深く考えなくても日常的に明らかである。〈社会主義とフェミニズム〉の核心的接点はここにある。

〈生活カード制〉にはこれだけの大きなメリットがあるが、世の中には良いことだけというものは恐らくありえない。これらの大きなメリットの裏側に、このシステムの弱点もまた存在する。

〈生活カード制〉の弱点の第一は、〈生活カードの給付基準〉についての社会的合意形成の困難さにある。第二の弱点は、人間は生活が保障されると怠け者になるのではないかという問題である。ポラニーが見事に表現しているように、一八世紀末イギリスでのスピーナムランド法の下での経験では「『乞食は三日やったらやめられない』という金言はまさしく真理であった(15)」。この法律によって、貧民に「最低所得は保障された」からである。言葉をかえていえば、〈労働の動機〉をどのように創造するのかという大問題である。

第三の弱点は、〈生活カード〉管理の安全面にある。第四の弱点は、〈国際関係〉にある。貿易をどうするのかという問題がある。

### B 協議生産

言うまでもなく、ドラえもんの何でもポケットは現実には存在しないから、生活カード制を実現するためには、生産物が適正に生産される必要がある。私はそれを一九九八年に〈協議生産〉として構想した。前記の『資本論』フランス語版の文言に従えば、計画は〈協議した計画〉としてだけなされるはずであり、「指令」が許されるはずはなかったのである。だが、ソ連邦でフランス語版が部分的に翻訳されたのは一九七二年であった。三年前に不破哲三は、「『ゴータ綱領批判』の読み方」と題する講義で、突然にも「協議した計画に従って――フランス語版での挿入(16)」と発言した。一言も説明がないから、なぜそう言ったのかは不明である。

〈協議生産〉には二つの前提が必要である。

第一の前提は、〈労働と分配との分離〉に立脚して〈労働〉を〈義務労働〉として実現することである。〈義務労働〉と聞くと、直ちに「強制収容所」を連想して反発する傾向があるが、フランス革命期において、私的所有の廃止を主張したバブーフは、「平等の労働義務」を明確にしていたし、サン・シモンは一八〇二年に執筆した「ジュネーブ書簡」で「人間はすべて労働しなければならない」と明らかにしていた（エンゲルスが『空想から科学への社会主義の発展』で肯定的に引用した）。ドイツでは、人類最初の社会主義をめざした政治組織である義人同盟の最初の綱領である「人類、その現状と未来像」は、一八三八年に「労働を万人に平等に配分し」と提案し、「労働時間の短縮と交代制が、労働を楽しみに変えてくれる」[17]と展望した。〈義務労働〉と聞いて、驚くのは、これらの先駆的認識が忘失されてきたためである。

「強制収容所」を連想するよりも、いったいその〈義務労働〉は何時間になるのかと前にむかって質問するほうが意味がある。軍備などという「不経済」な無駄をかなり抱え込んでいる今日すでに、フランスでは週三五時間制が話題になっていることを考えれば、マルクスの半世紀前にアナキズムの始祖ウィリアム・ゴドウィンが遠望した「一日三〇分」は無理としても、社会主義社会での〈義務労働〉は大幅に短縮され週二〇時間になるかも知れない。週二〇時間の労働をどうしてもいやだと拒否する理由があるだろうか。

第二の前提は、生産手段の〈連帯占有〉の実現である。「所有論」もなお定説が確定していない難問の一つである。「所有」と「占有 Besitz」の区別がカギである。マルクスは『資本論』で「社会全体でさえ、一国民でさえ……大地の所有者ではない。それらは大地の占有者、土地の用益者であるにすぎない」[18]と書いていた。この認識を活かす必要がある。対象とする自然や生産物を直接に使用しないのに、「所有」すること自体が不自然なのであり、不正義なのである。その所有者は、自分以外の他者に「占有」させることによって、何らかの経済的利益を得ることを目的にしているからである。すでにルソーは『人間不平等起源論』（一七五五年）で「果実は万人のものであり、土地はだれのものでもないことを忘れるなら、それこそ君たちの身の破滅だぞ！」[19]と警告していた。

私が〈連帯占有〉と造語したのは、生産手段の資本制的私的所有を廃絶して、「生産手段の国有化」あるいは「自治体所有化」を実現したうえで、さらに、生産手段を直接に活用する労働者によって、生産手段を①わがものとして、しかも②自分では処分できないみんなのものとして、扱われることを表現したいからである。

〈協議生産〉の第一の内実は、〈生産物の評価〉を〈協議評価〉によって実現することである。これまでは、オスカー・ランゲは「計算価格」と書き、ソ連邦では「計画価格」と表現されてきた。私が新しく〈協議評価〉と造語した理由は、「線形計画法」を創案したレオニード・カントロヴィッチの認識――「客観的に条件つけられた評価」[20]を継承したいと考えたからである。カントロヴィッチの前にも、ソ連邦で一九四〇年代に展開された「価値・価格論争」のなかで、「生産価格論者」に分類されているエル・A・ヴァーグやC・ザハロフは「社会的評価」と言うべきだと提起していた。「価値」と表現すると、市場経済との違いがあいまいになるからである。

私たちは、〈生産物の評価〉は次の式によって算出されると考える。

〈生産物の評価〉＝（生産手段の内で生産物に転化されるFニーズ＋労働Aワークス）×〈道徳的・社会的基準〉K。

労働の単位呼称をワークスとしたのは、労働にかかわることを明示したいためであり、ニーズと同じと考えてよい。Fニーズの算出については、資本制経済でしているように、原料と原価消却分を足せばよい。問題はあとの二つである。

「労働Aワークス」の算出については、〈労働の質〉が考慮され、それに〈労働時間〉を掛けたものである。しかも、この場合の〈質〉は、労働のいわば職業的種差ではなくて、職業横断的に、その労働が必要とする緊張度や社会的重要性によって区分される必要がある。

その上でさらに、〈道徳的・社会的基準〉Kを掛けるのは、〈労働の質〉以外の要素、例えばその生産時点および生産場所の相違による評価の変動などをも加味する必要があるからである。こうして、地球温暖化のなかでとくに重要性を増している〈環境的基準〉や、フェミニズムなどが問題とする〈社会的弱者への連帯〉なども包含される。スペインのホワン・マルチネス＝アリエは『エコロジー経済学』で、「枯渇性資源の最適な世代間配分という問題は、伝統的経済理論の基本法則に反して、道徳的価値に関する問題と不可分である」[21]と明確にしている。私たちの提起は、アリエの「道徳的価値に関する問題」ともぴったり重なる。

このような〈生産物の評価〉の基準の設定とその実行が簡単ではないことはいうまでもないが、原理的に不可能とは言えないはずである。後述の〈ルース性〉が困難を減殺するはずであり、コンピュータと数理経済学がその真価を発揮すると期待してよいだろう。また、農業を保護産業として育成することも可能となる。

私たちのこの新しい提起と同様の問題には、キューバでゲバラが、ユーゴスラヴィアでプラクシス派の代表的人格ミハイロ・マルコヴィチが気づいていた。

〈協議生産〉の第二の内実は、〈自主的計画〉と〈公共的計画〉の二重の生産システムを構築することである。そのために、①全体的な大枠の計画を立案して公表する、②〈自主的計画〉を審査する〈計画審査委員会〉を設置する。〈計画審査委員会〉は、前記の〈生産物の特性〉に応じて各種のレベルとエリア――社会主義は都市の適切な規模の問題にも直面する――ごとに設置される。③〈基礎的生産単位〉（資本主義では「企業」）――すべて固有の名称（第××号工場などではなく）を有する――は、まず自分たちのところで何をどれだけどういう条件で生産できるかを、〈計画審査委員会〉に申請する。④それらを〈計画審査委員会〉が審査・協議して、その採否を決定する。⑤合格した〈基礎的生産単位〉は自分たちの計画にしたがって創意あるいわば特製品を生産する。不合格となった場合には、その一部は〈公共的計画〉を割り当てられて、それにしたがって標準的ないわば並製品を生産する。他の一部は〈基礎的生産単位〉そのものが〈解体〉される。そこに参加していた労働者は、別の〈基礎的生産単位〉に移動する。

生産手段はそれぞれに〈協議評価〉が付けられたうえで、計画にしたがって無償で供与される。生産の入り口で審査を受けるだけではなくて、もし不都合な生産物が生じたり、納期に間に合わなかったりした場合には、〈ペナルティー〉も課せられる。そういう〈基礎的生産単位〉は次の審査において〈減点〉の対象とされる。

このようにして、ここでは〈誇りをめぐる競争〉が重要な意味をもつ。「市場経済」における利潤のための弱肉強食の競争ではなく、〈誇りをめぐる競争〉が〈協議生産〉における〈労働〉や技術などの改善のインセンティブとなる。これまで「計画経済」では「倒産」がないということが、その欠陥だとしばしば指摘された。なにしろ、一九八〇年代後半のペレストロイカの初期でさえ、「すべての企業は、あたかも母親のもとの子供たちのように、発達水準のいかんにかかわらずすべて国家の配慮に浴すべきだ[22]」という意見がはばかることなく主張されていたくらいである。〈自主的計画〉と〈社会的審査〉による〈誇りをめぐる競争〉は、この「難点」をクリアーする。

〈協議経済〉は、〈複雑性〉を増すがゆえに〈ルース性〉を不可避とし、〈透明性〉を貫く。そのことが官僚制化の防波堤ともなる。また、近年、「複雑系経済」が唱えられているが、すでにソ連邦においても一九六〇年代の「利潤論争」のなかで、統計学の長老ヴェ・C・ネムチノフが「複雑な経済体系が調和をもって存在し作用するためには、それらが機械的で算術的な恒等性をもつ必要はまったくない[23]」と認識していた。分かりやすく言えば、〈複雑な体系〉である経済のスムーズな運営にとっては「ルースな関係」を容認するほかないのである。

〈協議経済〉は〈市場経済を揚棄する対極〉として位置づけられる。だから、今日なお残念ながら〈未知・未存〉である。近代経済学者ジョン・ヒックスは、人類の経済を「伝統」「指令」「市場[24]」の三つの方式に分けている。この認識を踏襲するならば、第四の方式＝〈協議〉への飛躍こそが現代の課題なのである。それが、私たちが望む社会主義である。

ソ連邦の崩壊という歴史的代価を払って、私たちは、〈協議生産〉と〈生活カード制〉を内実とする〈協議経済〉にたどり着くことができた。それは、〈二一世紀の社会主義像〉における経済的領域の内実としてさらに彫琢され、いつの日か実験され、その理念像と実現形態をより豊かにしてゆくであろう。

〈注〉

(1) 野口武彦書評「朝日新聞」二〇〇六年一〇月二二日。
(2) 「〇六回顧　論壇」「朝日新聞」二〇〇六年一二月四日。
(3) 千種義人『計画経済概論』春秋社、一九五一年。
(4) H・ツァゴロフ編『社会主義経済学』協同産業出版部、一九七五年、上、一二三頁、一二三頁、下、一五三頁、二四五頁、二一三頁。
(5) マルクス『資本論』フランス語版、法政大学出版会、一九七九年、上、五四頁。
(6) ミーゼス論文。村岡到編『原典　社会主義経済計算論争』ロゴス社、一九九六年、九頁。
(7) F・カニンガム『民主主義理論と社会主義』日本経済評論社、一九九二年、一七三頁。
(8) トロツキー『裏切られた革命』現代思潮社、一九六八年、二四八頁。一二一頁も。
(9) ポラニー『大転換』東洋経済新報社、一九七五年、二三二頁。
(10) プレオブラジェンスキー『新しい経済』現代思潮社、一九六七年、二四一頁。
(11) 幸徳秋水『社会主義真髄』。大河内一男『社会主義』筑摩書房、一九六三年、二一六頁。
(12) 迫間真治郎「社会主義計画経済の一般理論」。村岡到編『原典　社会主義経済計算論争』一八五頁。

(13) 宇野弘蔵『資本論と社会主義』。著作集、岩波書店、第十巻、一六五頁。
(14) マルクス『資本論』新日本出版社、第二巻、五六七頁。
(15) ポラニー『大転換』一〇七頁。
(16) 不破哲三「『ゴータ綱領批判』の読み方」『前衛』二〇〇三年一〇月号。
(17) ヴィルヘルム・ヴァイトリング「人類、その現状と未来像」『資料ドイツ初期社会主義』平凡社、一九七四年、四三頁、三九頁。
(18) マルクス『資本論』第三巻、一三五三頁。
(19) ルソー『人間不平等起源論』一七五五年。岩波文庫、八五頁。
(20) レオニード・カントロヴィッチ『社会主義経済と資源配分』創文社、一九六五年、二二頁。
(21) ホワン・マルチネス＝アリエ『エコロジー経済学』新評論、一九九九年、三二五頁。
(22) 田中雄三「スームィの実験」『社会主義経済研究』第七号、一九八六年、七三頁。
(23) ネムチノフ論文。野々村一雄など編『ソヴィエト経済と利潤』日本評論社、一九六六年、二〇一頁。
(24) ジョン・ヒックス『経済史の理論』一九六九年。成瀬治『近代市民社会の成立』東京大学出版会、一九八四年、一九五頁より重引。

〈追　記〉

私が提起している〈生活カード制〉について、今年（二〇一六年）四月二四日に開かれた社会主義理論学会の研究集会で、私の報告の後で岩田昌征氏が「興味深い提起だ」と評価した。

近年話題の「ベーシックインカム」については、私は一九九九年に〈生存権所得〉として提起した。『ベーシックインカムで大転換』、『ベーシックインカムの可能性』参照。

# 第Ⅳ部 書評

ソ連邦の崩壊の後、マルクス主義の限界をつかみ、新しい社会主義像を構想するために、ヒントを与えてくれたのは法学的研究であった。先達の著作と今日の現状を鋭く突く著作を紹介し、そこから何を学んだのかを明らかにする。

## 尾高朝雄『法の窮極に在るもの』（有斐閣、一九四七年）

### ――オーストリア社会主義を継承、法の重要性を貫く

敗戦直後の一九四七年に尾高朝雄が著わした『法の窮極に在るもの』は、法学の古典と言ってよいであろう。尾高は東大法学部の教授で、明治時代の実業家渋沢栄一の孫でもある。尾高は五六年に五七歳で早逝したのだが、当時は左翼からは「保守反動」と非難されていた。本書の「緒論」にも「天皇制の意義をどこに求むべきかの問題」と書かれている（後述）のもその根拠の一因でもあるが、それよりもソ連邦の「共産主義」に対してきわめてきっぱりと批判を加えていたことが、非難の根拠となった。

ソ連邦崩壊後の今日から見れば、実は尾高によるソ連邦「共産主義」への批判はそのほとんどが正しく先駆的であったと捉え返すことができる。しかも、尾高は本書でも「国際連合」の意義を強調し、フィヒテに導かれて、「国家の計画経済が運営されるべき」ことまで主張していた。尾高は、人間は「一方では社会のためにする勤労の義務をともない、他方では社会よりする生活の保障を受ける」と書いている。単なる「反共主義」ではけっしてなかったのである。

この尾高の政治的方向性・資質を生み出し支えた根底に据えられているのが、その法哲学にほ

かならず、その核心にある問いが「法の窮極に在るもの」は何かという問題であった。「法か力かという」法哲学の根本問題である。本書は、「法と人間との間には、考えれば考えるほど深い関係がある」と書き出されている。尾高は、「万人の福祉を護るために、あくまでも平等の理念と秩序の要求との調和を求めていかなければならない」として、「『調和』こそ政治の高き矩であり、『法の窮極に在るもの』である」と説く。

尾高は、マルクス主義が主張する「唯物史観」についても真正面から取り上げ、凡百のマルクス主義者が振り向きもしない、マルクスの書簡まで検討して、土台と上部構造の「相互作用」についても論じている。

尾高は、主権は「ノモス」にあると説き、さらに「普遍なる民主主義の原理と特殊なる天皇制との総合・調和」を主張した。この主張は、同学の宮沢俊義（尾高の葬儀委員長を務めた）から「天皇制のアポロギア」（弁明）であるとする批判を招き、両者の間で「ノモス主権論争」を引き起こすことになり、この点に関しては明らかに尾高の失点であった。この点については、尾高の高弟で、尾高を継承している小林直樹も「特殊なイデオロギーに立つ政治的要求」だと批判を加えた（『憲法の構成原理』東京大学出版会、九八頁）。

尾高の思想の形成にとって、彼が一九三〇年代初頭にオーストリアで純粋法学のハンス・ケルゼンに師事し、当時、思想の坩堝であったウィーンで遊学したことが決定的であったと思われる。オーストリア社会主義は、「マルクス・レーニン主義」とは鋭角的に異なる社会主義の可能性を内蔵していたからである。

私は、一九九九年末に本書初版を古本屋で発見し、一読して啓示を受け、社会主義のベースに法を位置づけることが不可欠であることを教えられ、その後の私の社会主義論の方向を定めることができた。

尾高は、この五年後に著わした『自由論』では、天皇には全く触れなくなり、逆にイギリスのフェビアン社会主義を推奨し、「世界計画経済」の必要性まで主張することになった。このように、社会主義を主張するまでに飛躍する方向性を『法の窮極に在るもの』は内在させていたと理解することができるし、それが正解だと、私は確信している。

〈追　記〉

「ノモス主権論争」については、二〇〇一年に「ノモスを追求する意義」を書いた（『生存権・平等・エコロジー』白順社、『貧者の一答』に収録）。

## 廣西元信『資本論の誤訳』（こぶし書房）

### ――摂取すべき先駆的な諸提起

一九九九年末に八六歳で亡くなられた廣西元信さんのまぼろしの問題作『資本論の誤訳』（一九六六年）が、こぶし書房から復刻された。編集・解説は国分幸氏（岐阜経済大学教授）。

一九九一年のソ連邦崩壊後の反省的思索のなかで、私に深い影響と方向を与えてくれたのが廣西さんであった。私が初めて廣西さんを知ったのは、九二年七月に『マルクス主義の破綻』（エスエル出版会）を手にした時である。一読して深くショックを受けた。レーニン流の国有型社会主義が真正面から批判されていたからである。それで、手紙を差し上げ、当時、廣西さんが談話の場として常用していた、有楽町の喫茶店「リプトン」でお会いした。一カ月後にリプトンを訪ねたさいにいただいたのが、絶版の『資本論の誤訳』と『左翼を説得する法』であった。

今度の著作に付されている『場』で、山口勇氏もふれているが、九三年一月に「廣西さんから話を聞く会」を開いたこともあった。最後にお会いしたのは、九九年夏。私が『協議型社会主義の模索』（社会評論社）を刊行したあとで、「ささやかな出版記念だ」と言って、新宿の中村屋で紅茶とケーキをご馳走になり多額のカンパもいただいた。

×××

廣西さんは、『資本論』をドイツ語、英語、フランス語、ロシア語、中国語の各国語版で比較検討して、日本の『資本論』訳者や研究者がいかに基礎的なところで、マルクスの原文の真意を理解していないかを系統的に明らかにした。中でもその核心は、「所有／占有」問題の解明に設定されていた。一九六〇年代後半に平田清明が「個体的所有の再建」命題で論壇を騒がせたが、後年、その大半は廣西さんが提起していたことを借用したものだと、坂間真人が『情況』誌上で明らかにした。「個々人的所有」問題を核心とする廣西さんの提起はなお未解決の難題である。国分氏の「解説」は主要にこの問題に当てられ、廣西さんのあくなき思索の変遷を克明にたどり、問題を解明している。私には今のところ、「所有ではなく占有を」というプルードンの標語の方向で考えることが大切だとしか分からない（この問題よりも「価値法則」をいかに揚棄するかが大問題だと考えている）。

また、今でこそ、レーニンの「一国一工場」論は疑問とされ、「アソシエーション」はそれなりに共通語になりつつあるが、廣西さんが『資本論の誤訳』で問題を提起したのは、スターリン主義「全盛」の六六年である。「コンビネート〔統合〕とアソシエイト〔連合〕とを同じく結合など訳す誤訳」を鋭く指摘した。分かりやすく言えば、資本制生産における上からの縦の命令的な関係を、横型の連帯的な関係に変革することが、マルクスの社会主義の真髄なのに、両方を「斜め」と訳したのでは何がどう変化するか不明になるということである〔この問題については、拙稿

「『一国一工場』の『通説』が隠していたもの」（前出拙著）参照）。

ご子息の義信さんから、父君の書棚を整理していたら見つかったとして送付された新聞の切り抜きによれば、東大総長を努めた林健太郎が「東京新聞」の「論壇時評」で『資本論の誤訳』に言及していた！　六八年にである（一〇月二三日）。チェコスロバキア事件の直後にソ連型の社会主義の限界を指摘する文脈のなかで、前記の平田の論文の寸評と合わせて、林道義がマックス・ウェーバー論のなかで『共産党宣言』の「アソチアチオン」を「株式会社」と訳す解釈をした点を紹介し、その点での先駆的提起が『資本論の誤訳』であることを、林健太郎は明らかにしていた。だが、左翼はごく一部の例外を除いて無視した。この視野狭窄とセクト主義の悪弊がいかに根深いかを痛感する。

廣西さんの最後の到達点は、国分氏が整理しているように、「利潤分配制」の実現に集約される（国分氏はこの「利潤分配制」を「社会主義」だと主張する）。私は、「利潤分配制」は資本制経済の枠内での〈改良〉だと考えている（拙稿「利潤分配制を獲得目標に」『社会主義へのオルタナティブ』参照）。なお、「利潤分配制」については、私がこの間、推奨している尾高朝雄も一九五二年に著した『自由論』（筑摩書房）でフェビアン社会主義の紹介と合わせて言及していた。

他にも、「ステートとナショナルとの混同」問題、『資本論』第四九章の「価値規定」の問題などいくつも有益な指摘がある（後者については、最近では不破哲三氏も着目するようになった。不破氏は先行する研究には全く触れないが）。

私は、社会主義経済については、〈経済のアバウト性〉を〈公開性〉と合わせてベースにする必要があると、先年「〈協議経済〉の構想」（前出拙著）で提起したが、本書で「アダム・スミスの価値論」を述べたところで、この点――アバウト性が論及されていた。直接には失念していたのだが、ここから学んでいたのかも知れない。

このように、今日、社会主義の新しい展望を模索するためには、避けて通れないいくつもの問題を先駆的に提起していたところに、本書の真価が存在する。〈言葉〉についてのこだわりと何ものにも囚われない自由な思考がいかに大切かを教えてくれる貴重な一書である。広く学ばれるよう期待したい。

（『カオスとロゴス』編集長）

〈追　記〉

「廣西元信さんを追悼する」を『季報・唯物論研究』第七二号＝二〇〇〇年、に書いた（『生存権・平等・エコロジー』白順社、に収録）。

## ソ連邦崩壊後の五冊
### ——法学社会主義の有効性

●廣西元信『資本論の誤訳』青友社、一九六六年。〔省略〕
●アントン・メンガー『全労働収益権史論』森戸辰男訳、弘文堂書房、一九二四年。
一九九八年三月に神田の古書店で発見した。七〇〇〇円は痛かったが、一条の光が射す思いがした。廣西さんにこの著作があることを教えられ、大江泰一郎さんの『ロシア・社会主義・法文化』（日本評論社、一九九二年）にも紹介されていて、探していた。「旧版訳者序」には「大正三年一〇月四日入獄の日の朝」と記されている。クロポトキン研究の咎《とが》で弾圧された森戸事件である。A・メンガーは、社会主義の基軸として〈生存権〉や〈労働権〉などを定位することを主張していた。エンゲルスがすぐに「法学社会主義」は下らないと罵倒したことも知ったが、どう考えてもこの点ではA・メンガーのほうが正しい。この森戸が敗戦後に社会党の国会議員になり、憲法第二五条の生存権に繋がった（未来社から森田勉訳で『労働全収権史論』として一九七一年に刊行）。
●藤田勇『ソビエト法理論史研究』岩波書店、一九六八年。
一九九九年五月に練馬の古書店で購入した。藤田さんの『社会主義社会論』（東大出版会、一九八〇年）は読んだことがあり、教科書的なものという印象だったが、本書では、ロシア革命が法律をめぐってどのような苦闘を経験しなければならなかったかを教えられた。ソ連邦の初期の法学者パシュカーニスの悲劇を知ることもできた。藤田さんから「小生の法学研究の道程では最も愛着の強い著作です」とお返事をいただいたことを紹介しても許していただけるであろう。「はしがき」に記された「かの一〇月に関心をいだく者の義務」という一句が印象的であった。難解なテーマであるが、この苦闘を活かす日がいつか訪れると信じたい。

●尾高朝雄『法の窮極に在るもの』有斐閣、一九四七年。〔省略〕

●グスタフ・ラートブルフ『社会主義の文化理論』野田良之訳、みすず書房、一九五三年。

二〇〇〇年三月に読んだ。ラートブルフを読み始めたのは、彼をもっともよく理解していると評されている尾高さんに従ってのことである。ワイマール共和国の司法大臣を務め、ナチスによって弾圧されながらも初志を貫徹したラートブルフは、A・メンガーを受け継ぐ法哲学者で、社会主義にとっての法律の核心的重要性を明らかにし、社会主義はいかなるイデオロギーにも依拠するものではないことを主張している。ラートブルフは民主政の意義を高く評価し、宗教や文化の意味を深く考察している。東大出版会からラートブルフ著作集が刊行され、その第八巻に収録され、尾高の『ラートブルフの法哲学』はその別巻に収録されている。

こうして、ソ連邦崩壊後の〈社会主義の再生〉にむけての反省的思索において、私は期せずして法律の問題の重要性やオーストリア社会主義理論の再評価へと進むことになった。マルクス主義を越えて〈連帯社会主義〉を探求する道でもある。

（『カオスとロゴス』編集長）

## 水野和夫『資本主義の終焉と歴史の危機』集英社

### ――資本主義の終焉を巨視的に鋭く解明

書名に明示されている「資本主義の終焉」を歴史的に巨視的に鋭く解明している。このタイトルからはマルクス主義経済学者を想起するだろうが、著者の水野和夫氏は、三菱ＵＦＪモルガン・スタンレー証券のチーフエコノミストを経て二〇一〇年から一二年に民主党政権で内閣官房内閣審議官を務めたこともある経済学者である。もう六年も前になるが、中谷巌氏が「懺悔の書」『資本主義はなぜ自壊したのか』（集英社インターナショナル）を著して話題になった。その後も類似の著作がいくつか刊行されているが、本書は抜群である。

本書の書き出しは「資本主義の死期が近づいているのではないか」であり、「おわりに」の結びは「おそらく資本主義〔の永続〕を前提につくられた近代経済学の住人からすれば、私は『変人』にしか見えないことでしょう。しかし、『変人』には資本主義終焉を告げる鐘の音がはっきりと聞こえています」と締めくくられている。この結論が明確であるだけでなく、その内実こそが本書を万人が読むべき好著としている。著者は、この結論を骨ふとく説いている。基軸となる認識は二つである。

一つは、フェルナン・ブローデルのいう「長い一六世紀」――ヨーロッパにおける荘園制・封建制から資本主義・国家主権システムへの移行――との対比によって資本主義の歩みを歴史的に概観する視座である。「『陸』のスペイン世界帝国」から「『海』の国民国家イギリス」への覇権の交代の意味が、資本主義の歩みの解明に活かされる。

もう一つは、資本主義をいかなるものとして捉えるかである。著者は、「利潤極大化を最大のゴールとする資本主義」と捉え、したがって利子率の推移に着目する。

「資本主義とは神の所有物〔時間と知〕を人間のものにしていくプロセスであ」る。「『時間』と『知』に対するあくなき所有欲は、ヨーロッパの本質的な理念である『蒐集』によって駆動されます」。「『強欲』資本主義は、資本主義黎明期から内臓されていたものだった」。「資本主義自体、その誕生以来、少数の人間が利益を独占するシステムでした」。

さらに資本主義は「『中心／周辺』という枠組み」を初発から内臓していた。「グローバル資本主義とは……国家の内側に『中心／周辺』を生み出していくシステムだといえます」。

だが、すでにフロンティアはどこにも存在しない。「アメリカの資本主義延命策」が「『電子・金融空間』の創造」であるが、それも破綻すると著者は見通す。

著者は、長期にわたる低金利時代到来、金融バブル、ギリシャの財政崩壊に端を発する欧州危機、の意味を鋭く明らかにする。

日本資本主義についても鋭く批判的である。「一九九〇年代後半以降の日本の労働政策」を批判し、「アベノミクス」についても全面的にその破綻を予見して批判している。逆に、「労働時間の規制を強化して、ワークシェアリングの方向に舵を切らなければなりません」。「非正規という雇用形態」ではなく、「原則的に正社員としての雇用を義務づけるべきだと考えます」。「問題は法人税や金融資産課税を増税して、持てる者により負担してもらうべきなのに、逆進性の強い消費税の増税ばかり議論されているところです」。

著者による「民主主義」(私は〈民主政〉と表現したいが)の捉え方も鋭く示唆的である。「民主主義は価値観を同じくする中間層の存在があってはじめて機能する」という著者の指摘は鋭い。「市民革命以後、資本主義と民主主義が両輪となって主権国家システムを発展させてきました」が、「グローバル資本主義は、社会の基盤である民主主義をも破壊しようとしています」。「資本主義は、中産階級を没落させ、粗暴な『資本のための資本主義』に変質していった」からである。

著者は「資本主義の凶暴性に比べれば、市民社会や国民主権、民主主義といった理念は、軽々と手放すにはもったいないものです」と確認しているが、もっと積極的に評価し、充実させることこそ必要である。

情報独占・公開の意味を重く見る著者は、ＣＩＡの機密を暴露して世界を揺るがせた「スノーデン事件」に着目する。この「事件が問いかけているのは民主国家の危機なのです」。

著者はくりかえし、「資本主義の先にあるシステムを明確に描く力は今の私にはありません」と謙虚に断っているが、「資本主義の終焉」がここまで明確に予見できるのなら、「次のシステム」について早急にその骨格を英知を結集して創造することが課題である。「資本主義の暴走にブレーキをかけながらソフトランディングをする道」を探究・実現しなくてはならない。「近代資本主義を駆動させてきた理念もまた逆回転させ、『よりゆっくり、より近く、より曖昧に』と転じなければなりません」。先日、ＮＨＫで「ダウンシフター」（減速生活者）を新しい生活スタイルとして特集していた。

私は一貫して資本主義に代わるのは〈社会主義〉だと主張し、ソ連邦の崩壊に学んでその経済システムは〈協議経済〉として構想されるべきだと提起してきた。生産物の引換えを〈協議評価〉に基づく「協議した計画」によって実現することが、市場経済を克服する道である。そして、その社会で花咲く理念は、「自由」や「平等」ではなく〈友愛〉である。農業を土台にすることも前提である。

「成長至上主義から脱却しない限り、日本の沈没はさけることができないのです」。二〇一四年の東京都知事選挙で細川護熙氏が告示日の第一声で明らかにしたのもこのことであった。この認識を広げ常識にしなくてはならない。そのためには、「次のシステム」の骨格を合わせて提起することが必要ではないだろうか。

〈追　記〉

『フラタニティ』第四号のために、進藤栄一氏にインタビューした際に、「水野氏の議論は、世界の上半分＝西側しか見ておらず、例えば金利は中国などではなお高い水準にあり、資本主義の終焉や崩壊論は一面的だ」と教示された。氏の『アジア力の世紀』（岩波新書）は必読である。

# 丹羽宇一郎『中国の大問題』（ＰＨＰ新書）

## ——日中親善の重要性と活路を提示

或る人から「もう読んだから」と戴いたのは半年も前だったが、読了するのが遅れた。中国への関心が薄かったからである。読了して、すぐに読むべきだったと痛感した。

本書でもっとも感銘したのは、著者が中国大使の時に、第二次世界大戦で中国で残留孤児となった子どもたちを育ててくれた、もう高齢の中国人に大使の名前で感謝状と記念品を贈呈した場面である。反中国感情が煽られ、「嫌中」比率が高まっている現在、著者が説くように、「中国は戦勝国で日本は敗戦国」「日本は中国に負けた」という厳然たる歴史的事実の認識と合わせて、孤児を育てた中国人の存在を知ることが、中国について考える場合に何よりも不可欠で大切だと、教えられた。歴代の大使が為しえなかった、感謝の明確な表明、この事実を知るだけでも著者が優れた人物だと理解できる。戦前に満州開拓団の本部があった方正県には、七〇〇〇柱にも及ぶ日本人の遺骨を集めた日本人共同墓地が建設されている。著者はリスクを冒して参拝した。

著者は、一九三九年生まれ。名古屋大学法学部を卒業し、伊藤忠商事を立て直した経済人で、「友愛外交」を主唱する民主党の鳩山由紀夫政権の下で二〇一〇年六月から中国大使を務めた（一二年一二月に退任）。大学時代には自治会活動の先頭に立ち、卒論のテーマが「トロツキーの永続革命論」だったという。著者を貫く生き方は、商社時代に培った徹底した「現場主義」である。

本書は、一四億人、経済、地方、少数民族、日中関係、安全保障、日本、という七つの「大問題」をテーマに設定している。小さな書評で説明することはできないが、どの論点についてもさまざまに教えられた。「おわりに」の副題には「十年後に死んでいるかもしれない人間のメッセージ」とある。巻末には、一九五九年の石橋湛山の書簡、国交回復した七二年の共同声明、など九つの資料が収録されている。

「はじめに」では、日本の人口減少について警告を発している。現在は一億二七〇〇万人だが、二〇六〇年に八七〇〇万人、二一一〇年に四三〇〇万人に落ち込むと予測されている。一五歳以上の労働力人口は四二％に半減するという「悲観的シナリオ」もあるという。私は初めてこの数字を知ったが、それが何をもたらし、どういう問題＝難問を引き起こすのか、考えなくてはいけない。

中国についての基礎的な知識もたくさん教えられた。人口一四億人、その九二％が漢民族、五五の少数民族、なかには文字や文法も無い民族も。人口の八％＝八八〇〇万人の共産党。現在では、農村出身で都市で働く「農民工」が人口の四七％を占めている。だが、憲法には労働組合を結成して争議を起こす権理が書かれていない。

国家予算の半分近くが民生部門に充てられ、教育費が国防費の三倍だという。教育に重点を置いている。これに対して、日本は教育条件が極めて劣悪である。学校教育費のGDP比はわずか三・六％でOECD諸国で下位である。訪米だけが良いわけではないが、アメリカのハーバード大学には二〇一二年に一三五カ国から四五〇〇人が留学していたが、中国から五八二人。対する日本は一三人！

「中国共産党の正当性の根拠」として、「社会の経済的立てなおし」と「抗日戦争に勝ったこと」を上げている。この歴史的事実が、軍の巨大な位置を支えている。毛沢東、鄧小平、習近平と続く政権の流れも簡潔に描かれている。

尖閣諸島問題に一章を割き、自身が在任中の二〇一二年九月の野田佳彦首相と胡錦濤主席との「立ち話」について、「稚拙な外交」と強く批判している。当然である。だが、「領土主権の問題は一ミリも譲歩できない」とする著者の立場には、私は同意できない。著者は、「『棚上げ』と言わずに『フリーズ』〈凍結〉」が活路だと提案する。どこが異なるのか明確ではない。「凍結」の先は、〈共同管理〉しかないであろう。「戦争や紛争状態での『必要最小限』など戯言の類だ」と断じているのは賛成である。

日本の現状について、非正規労働者の急増を指摘し、「経済界は非正規社員を正規雇用に転換することを考えるべきだ」と提言している。また、二〇一三年一二月の特定秘密保護法案の強行採決について、「国民の権利の制限につながり、民主主義に逆行している」と強く批判し、北朝鮮を例示して「陰惨な暮らしを強要する」「密告社会にしてはいけない」と警告する。特定秘密保護は、「憲法第一一条、第一四条に反する可能性がある」と指摘し、第九七条、第九八条を「再度、確認すべきだろう」と呼びかけている。きわめて真っ当な認識であり、大いに協力し合わなければならない。

また、この中国をどのような社会経済体制の国と評価するかという問題については、著者は「中国共産党独裁政権」、「社会主義的資本主義」、「社会主義的な国家統制」、「計画経済」と文脈によって使い分けている。「社会主義的資本主義」とは何のことか、不明である。

一一年前に武漢大学から招待されて訪問し、学生に講義したことがあったが、目を輝かせた女学生が真剣に「社会主義とは何ですか」と質問してきたことを、思い出した。その二年前に北京の国際会議で、私の発言を聞き留めて、私を招いてくれた老学者梅栄政さんは今どうしているのだろうか。中国についての不勉強を改めて反省させられた。

〈追　記〉

今年六月に、丹羽宇一郎氏に、私が編集長を務める季刊『フラタニティ』のインタビューをお願いしたが、そこで丹羽氏は「私の先生は溪内謙さんです。私は溪内先生からE・H・カーなどを教えられました」と話された（『フラタニティ』第三号＝二〇一六年八月）。また、中国の人口が一四億人であること、「統治の規模」という問題が国家論や民主政を考えるうえで、欠かせない要点であると教えられた。

# 「政権構想」論議と「野党共闘」の前進を
## ──参議院選挙と東京都知事選挙を終えて

### 二つの選挙の冷厳な結果

七月一〇日投開票の参議院選挙の結果は、自民党は単独過半数には届かなかった（後日、党籍変更があり過半数に）が、比例区で二〇一一万票（得票率：三五・九％）で五六議席。壊憲四党で七六議席を得て、非改選や無所属も含め壊憲勢力が三分の二以上となった。三二の一人区では自民党二一、野党統一候補一一で、前回は二九対二（今回は一議席増）だったから、野党共闘の効果が発揮された。民進党は比例区で一一七五万票（得票率：二一・〇％）で改選よりも一一下回ったが、前回よりはほぼ倍増の三二。共産党は、倍増の六だが、前回の八よりも二減った（選挙区で）。

このように全体的には厳しい結果となったが、部分的には光明も射している。

沖縄県で伊波洋一氏が現職の沖縄北方大臣島尻安伊子氏に大差をつけて圧勝し、福島県でも民進党の増子輝彦氏がこれまた現職の法務大臣岩城光英氏に勝利した。東北六県では秋田県を除いて野党統一候補が、自民党候補を破った。また、同時に行われた、川内原発のある鹿児島県の知事選挙で脱原発の統一を実現した三反園訓氏が、四選をめざした現職の自民・公明支援の候補を破った。米軍基地をかかえる沖縄と東日本原発震災の地・福島で、現職の大臣に勝利したことの意義はきわめて大きい。東北五県の結果は、TPP推進への反撃である。

七月三一日投票の東京都知事選挙は、元防衛相で右翼の日本会議に連なる小池百合子氏が二九一万票（得票率四四・五％）で圧勝した。急ごしらえの「野党共闘」で立候補した鳥越俊太郎氏はわずか一三四万票（二〇％）で惨敗。自民党・公明党が推薦した増田寛也氏は一七九万票。

都議会与党勢力が候補者をめぐって分裂し、野党四党が統一候補を擁立することになり、都政を保守勢力から奪還する千載一遇のチャンスであったが、残念ながら、チャンスを活かすことはできなかった。立候補を辞退した宇都宮健児氏が最後まで鳥越氏を応援しなかったことも小さくない禍根となった。自民党東京都連が推薦した増田氏が小池氏に敗れたことは、安倍晋三政権にとっては打撃であり、つまづきの石となる可能性もある。しかし、野党統一候補がわずか二〇％の得票率に止まったことは、壊憲勢力を勢いづかせるだろう。

「野党共闘」を嫌って都知事選挙で「自主投票」となった連合（組合員六八八万人）は、参議院選挙では推薦候補を一二人立てたが、八人しか当選せず、個人名を書いた得票はわずか二一一万票だった（「週刊新社会」七月二六日）。労働運動の後退も進んでいる。

安倍首相は、八月三日に内閣改造を行い、当面は経済政策に重点を置かざるをえないだろうが、いずれ壊憲攻勢を強めるに違いない。だが、世界的な経済情勢の悪化のなかでアベノミクスの破綻も露わとなり、沖縄基地問題やTPP問題で出口なしの難局に直面するであろう。脱原発、労働法制の改善、公平な税制などの諸課題を全国的な闘いとして組織していこう。

## 日本共産党が直面する課題

昨年九月の共産党による提起を出発点にわずか一〇カ月で実現した今回の「野党共闘」は、「野党の共闘」という一般的な意味ではなく、二月一九日の党首会談での合意（「安保法制の廃止、集団的自衛権行使容認の閣議決定撤回、安倍政権の打倒」など）に立脚する点でも、一一選挙区での勝利によっても画期的と評価できる。「一矢報いる」ほどではなかったが、反撃のテコを獲得した。共産党は、明らかに前衛としての役割と責任を果たした。戦前には治安維持法による過酷な弾圧を加えられ、一九三〇年代には党員は二三〇〇人だった。今や党員三〇万人、「赤旗』読者は一〇〇万部（?）で得票率一〇%の党に成長し、〈日本市民の共同の橋頭保〉となっている。

だが、共産党の比例区での得票は、目標の八五〇万票に遠く及ばず六〇一万票＝得票率約一一%（前回は五一五万票＝約一〇%）に止まり、獲得議席も六だった。改選の三からは倍増であるが、三年前の当選八からは後退した。都知事選挙でも「野党共闘」を重視し、鳥越氏の当選のために奮闘した。だが、その結果について「鳥越氏の大健闘」と言うだけではお粗末である。

共産党は重大な問題に直面している。一つは、綱領の限界である。

志位和夫委員長は、八月五日に開かれた「日本共産党創立94周年記念講演会」での講演で、「今度の参院選ほど日本共産党の綱領そのものが熱い争点になった選挙はありません」と語り、「まさに〝旬〟でありますす」とまで強調した（「赤旗」八月七日）。だが、最近、強調している、「立憲主義」「個人の尊厳」「法の支配」など、いずれも綱領には一言も書かれていない。「市民」や「生存権」すらない（「勤労市民」はある）。これらの言葉を綱領にぜひとも書き加えなくてはならない。

もう一つは、自衛隊認識の問題である。志位氏はこの講演で、六月二六日にNHKで放映され、二日後に役職を降ろされた藤野保史政策委員長（衆議院議員）の「人を殺すための予算」という発言をわざわざ取り上げ、「中央の指導の援助の問題として、今後の教訓としたい」と話した。だが、この失言は「指導の援助の問題」ではなく、自衛隊問題に明確な方針が確立していないから生じたのである。「自衛隊の活用」について論拠あいまいに説明するのではなく、〈自衛隊＝違憲合法例外〉論を打ち出すべきである（拙著『不破哲三と日本共産党』第Ⅲ章を参照してほしい）。

そして何よりも党勢の現状はきわめて深刻である。「赤旗」は七月、八月と連続して計四万二四八九部も読者を失ないピークの三〇％。入党者も八月は「入党決意が二〇〇人強」で「第二六回党大会後で最少となりました」（「赤旗」九月三日）。高齢で死亡する党員もそれに近い。

## 「政権構想」論議と「野党共闘」の前進を

参議院選挙で効果を大いに発揮した「野党共闘」について、今後の闘いでは、この地平を崩すことなく前進させることが不可欠の課題となる。だが、肝心の民進党が動揺している。岡田克也代表は、都知事選挙の投票日前日にわざわざ九月の代表選挙には出ないと表明し、最有力と言われる、参議院選挙で当選したばかりの蓮舫氏は、選挙告示日の九月二日に「野党共闘」について「衆院選では綱領、政策が違う政党と政権は目指さない」と述べ、前原誠司氏は「一度、岡田路線はリセットすべきだ」と踏み込んだ。また、「野党共闘」に不安と警戒をいだく安倍首相などは「民共合作」とか、「政権構想が異なるから野合にすぎない」という非難を浴びせている。

この問題についての活路は〈閣外協力〉にある。各政党で「政権構想」が異なるのは余りにも当然である。そこが一致しているのなら、一つの党になればよい。「政権構想」が異なっても日常の活動において協力・共同できないわけでは決してない。現在の衆議院での議席配分を直視すれば、衆議院選挙での野党の躍進を期待しても、民進党を中心にした新政権以外には現実性はないが、その場合、共産党の協力が不可欠である。〈閣外協力〉すれば良いのである。

もう一つ、「野党共闘」の前進のためには、「政権構想」の論議を活発に展開しなくてはならない。共産党の「国民連合政府」は「集団的自衛権行使容認の閣議決定撤回」直後に衆議院解散を想定するなど難点があり、非現実的である。

私は、〈対米従属脱却政権〉こそが、「野党共闘」の共通の目標になることが望ましいと考える（『フラタニティ』第二号＝五月、「政局論評」参照）。

依然として厳しい情勢が続くが、〈友愛を心に活憲を！〉を掲げて、政策的提起を軸に地道な努力を傾けるほかに活路はない。

# あとがき

まず収録論文の初出を記そう。

社会主義再生への反省　「朝日新聞」一九九一年一〇月四日
ソ連邦の崩壊とマルクス主義の責任　新稿
「ソ連邦＝党主指令社会」論の意義　『探理夢到』第八号＝二〇一四年一一月
森岡真史論文に答えることが急務　『経済科学通信』第一二六号＝二〇一一年九月
――『経済科学通信』の「誌面批評」
レーニンの「社会主義」の限界　『経済評論』一九九二年一一月号
社会主義経済計算論争の意義　『原典　社会主義経済計算論争』一九九六年
〈社会主義と法〉をめぐるソ連邦の経験　「稲妻」第三二〇号＝一九九九年六月
――ロシア革命が直面した予期せぬ課題
レーニンとオーストリア社会主義　旧稿を改稿
社会主義の経済システム構想　公益財団法人政治経済研究所『政経研究』第九〇号＝二〇〇八年五月

尾高朝雄『法の窮極に在るもの』　『もう一つの世界へ』第八号＝二〇〇七年四月
　オーストリア社会主義を継承、法の重要性を貫く
廣西元信『資本論の誤訳』　『QUEST』創刊号＝一九九九年五月
　摂取すべき先駆的な諸提起
ソ連邦崩壊後の五冊――法学社会主義の有効性　『QUEST』第一一号＝二〇〇一年一月
水野和夫『資本主義の終焉と歴史の危機』『探理夢到』第三号＝二〇一四年六月
　資本主義の終焉を巨視的に鋭く解明
丹羽宇一郎『中国の大問題』　『探理夢到』第一一号＝二〇一五年二月
　日中親善の重要性と活路を提示
「政権構想」論議と「野党共闘」の前進を　新稿

本書もまたロゴスから刊行することになった。いくつかの出版社に相談したが、どこも出版できないと断られた。「中身は面白い」と言う編集者もいたが、硬派の本は特に売れないから仕方ない。なおしばらくは孤軍奮闘を続けるしかないのであろう。

既刊の拙著にすでに収録した論文も少なくないが、その点はお許し願うほかない。〈社会主義論の探究〉という一点に絞って、まとまりをつけたためである。これで一区切りついたという思いがする。この小さな本で明らかにした諸論点についての探究は、現代世界をトータルに把握し、変革する難事業にとって不可欠の構成部分をなしていると深く確信している。だが、同時に非才

な個人には大きな限界もあり、着手していない領域や問題が沢山あることも痛感している。

本書校正中の七月二九日に、朝日新聞の元論説主幹・若宮啓文さんを偲ぶ会に出席した。帰りに戴いた『ドキュメント　北方領土問題の内幕』（筑摩書房）を読んでいたら、鳩山一郎首相とフルシチョフ首相による「日ソ共同宣言」が一九五六年一〇月一九日に結ばれていたと気づいた。この四日後、一〇月二三日にハンガリー事件が起きていた。「一〇月二三日」についてはぼんやりと記憶していたし、この二月の第二〇回党大会でのフルシチョフ報告による「スターリン批判」やハンガリー事件が新左翼運動の出発点の重要な契機となったことについては何度も書いている。しかし、その四日前に日ソの国交回復にとっての重大な出発点をなす宣言が発せられていたことには何の関心もなしに過ごしてきた。何という大きな欠落だと痛感する。若宮さんが克明に解明しているように、この「日ソ共同宣言」が成立するまでには、敗戦直後の自民党政治の凄まじい対立・暗闘が繰り広げられていた。〈友愛〉を政治信条とする鳩山一郎と「対米従属」の吉田茂らとの政争にも大きな意味があった、と教えられた。「ブルジョアジー独裁政治」と切り捨てるだけで、その内実に迫ろうともしないで、ただただ「日米安保反対！」だけを叫ぶ左翼が、一時の高揚はあったにせよ、その上げ潮もすぐに沈んでしまったのは当然だと、気づかされた（北方領土問題については、一九九一年の「クリル諸島は呼びかける」『社会主義へのオルタナティブ』参照）。

私は、近年ようやく〈友愛〉を通路にして、一郎の孫である鳩山由紀夫政権の成立・挫折の意味を探るようになった（『貧者の一答』第Ⅰ部）。それとてまだ緒に着いたばかりである。

古稀から三年、いつまで活動を続けることができるかという思いが去来することもある。半世紀以上、左翼として生きてきた経験と思索が若い世代に伝わることを強く望むほかない。

一〇年以上も前に、ある著作の「あとがき」に使ったことがある一句をまた思い出した。ナチスに追われた、社会学のカール・マンハイムは『イデオロギーとユートピア』の結びにこう書いた。「ユートピアのさまざまな形態を放棄するにつれて、歴史を創ろうとする意志を失い、それとともに歴史を洞察する力をなくしてしまう」（未来社、一九六八年、二八二頁）。

最後に、「まえがき」で触れた芥川龍之介に引き寄せられて、宮本顕治の「『敗北』の文学」を初めて一読した（『宮本顕治著作集』第一巻、新日本出版社）。一九二九年、治安維持法下で拷問死も切迫感のある「冬の時代」に、東大生の宮本は弱冠二〇歳。宮本は、日本共産党の幹部となりその四年後に逮捕され、敗戦の年一〇月まで獄中で過ごした。『改造』の懸賞で小林秀雄を抑えて一等入選したこの論文で、宮本は、芥川の「文学に向かってツルハシを打ちおろさなければならない」と鋭く批判した。同時に結論では、芥川の言葉を引いた上でその「芥川氏の姿は、なにか惻《そく》々として我々を打つではないか」と深い理解を示した。宮本の大きさに深く感動した。一九八四年に、宮本は私の共産党批判を（「トロの誹謗」ではなく）「トロ〔ツキスト〕あがりの観察だよ」と発言した（『友愛社会をめざす』一八一頁）。「あがり」と感じた彼を、また思い出した。

今回の出版を支えてくださった佐藤三郎・靖子夫妻、野村修氏、吉田万三氏に感謝します。

二〇一六年九月二日　残暑の秋　敗戦の日に　村岡　到

## 村岡 到 主要著作

1980 『スターリン主義批判の現段階』稲妻社
1982 『日本共産党との対話』稲妻社
1984 『岐路に立つ日本共産党』稲妻社
1986 『変化の中の日本共産党』稲妻社
1987 『トロツキーとコミンテルン』（栗木安延と）稲妻社
1988 『前衛党組織論の模索』（橋本剛と）稲妻社
1989 『社会主義への国際的経験』稲妻社
1990 『社会主義とは何か』稲妻社
1990 『甦るトロツキー』稲妻社
1996 『原典・社会主義経済計算論争』（編集・解説）ロゴス
1996 『ソ連崩壊と新しい社会主義像』（石井伸男共編）時潮社
1997 『社会主義へのオルタナティブ』ロゴス
1999 『協議型社会主義の模索――新左翼体験とソ連邦の崩壊を経て』社会評論社
2001 『連帯社会主義への政治理論――マルクス主義を超えて』五月書房
2003 『生存権・平等・エコロジー―連帯社会主義へのプロローグ』白順社
2003 『不破哲三との対話――日本共産党はどこへ行く？』社会評論社
2005 『〈帝国〉をどうする――世界社会フォーラム５』（編）白順社
2005 『レーニン　革命ロシアの光と影』（上島武共編）社会評論社
2005 『社会主義はなぜ大切か――マルクスを超える展望』社会評論社
2007 『悔いなき生き方は可能だ――社会主義がめざすもの』ロゴス
2008 『閉塞を破る希望――村岡社会主義論への批評』（編）ロゴス
2008 『閉塞時代に挑む――生存権・憲法・社会主義』ロゴス
2009 『生存権所得――憲法一六八条を活かす』社会評論社
2010 『ベーシックインカムで大転換』ロゴス
2011 『ベーシックインカムの可能性』（編）ロゴス
2011 『脱原発の思想と活動――原発文化を打破する』（編）ロゴス
2012 『歴史の教訓と社会主義』（編）ロゴス
2012 『親鸞・ウェーバー・社会主義』ロゴス
2013 『ユートピアの模索――ヤマギシ会の到達点』ロゴス
2013 『友愛社会をめざす――〈活憲左派〉の展望』ロゴス

〈iv頁へ〉

## 人名索引

☆外国人はファーストネームだけ。
☆ - は連続を、★はその頁から５頁以内に複数あることを示す。
☆ 55 ～ 58 頁の著作の著者は除く。
追加：沼田稲次郎　181

〈248 頁から〉

2013 『農業が創る未来——ヤマギシズム農法から』ロゴス
2014 『貧者の一答——どうしたら政治は良くなるか』ロゴス
2015 『日本共産党をどう理解したら良いか』ロゴス
2015 『文化象徴天皇への変革』ロゴス
2015 『不破哲三と日本共産党』ロゴス
2016 『壊憲か活憲か』（編）ロゴス

村岡 到（むらおか　いたる）
1943年4月6日生まれ
1962年　新潟県立長岡高校卒業
1963年　東京大学医学部付属病院分院に勤務（1975年に失職）
1969年　10・21闘争で逮捕・有罪
1980年　政治グループ稲妻を創成（1996年に解散）
ＮＰＯ法人日本針路研究所理事長

ソ連邦の崩壊と社会主義――ロシア革命100年を前に

2016年9月28日　初版第1刷発行
著　者　　　村岡　到
発行人　　　入村康治
装　幀　　　入村　環
発行所　　　ロゴス
〒113-0033　東京都文京区本郷2-6-11
TEL.03-5840-8525　FAX.03-5840-8544
URL http://logos-ui.org
印刷／製本　株式会社 Sun Fuerza

定価はカバーに表示してあります。ISBN978-4-904350-41-6　C0031

# Fraternity

ロゴス発行

## 季刊 フラタニティ 友愛

1号：600円+税　送料とも800円　定期購読：1年間4号　3000円

**創刊号　2016年2月　特集　自衛隊とどう向き合うか**

村岡 到　「非武装」と「自衛隊活用」を深考する
松竹伸幸　護憲派の軍事戦略をめぐって
泥 憲和　安保法制批判側が国民の支持を得られない理由
編集長インタビュー：孫崎 享　東アジア共同体が活路
連載　澤藤統一郎　私がかかわった裁判闘争

**第2号　5月　特集　日本政治の特質**

高野　孟　崩壊過程を深めるアメリカ帝国
西川伸一　自民党総務会とはなにか
村岡　到　日本政治における日本共産党の位置
編集長インタビュー：金平茂紀　メディアの使命は知る権利
ユーロリージョンの拡大は何を意味するか　高橋和

**第3号　8月　特集　日本農業の現実と可能性**

蔦谷栄一　日本型農業をもう一つの世界農業モデルに
鈴木宣弘　ＴＰＰによって失う安全保障
村岡　到　母なる大地と農業の根源的大切さ
編集長インタビュー：丹羽宇一郎　農業と中国問題の核心は？
友愛を受け継ぐ人たち③　鳩山友紀夫さんに聞く

**第4号　予告　11月1日発行**

特集：ロシア革命100年を前に
岡田　進　十月革命100年とロシア農民の運命
下斗米伸夫　ロシア革命と古儀式派
森岡真史　ロシア革命での予期されざる諸困難
書評　村岡到著『ソ連邦の崩壊と社会主義』：佐藤和之
村岡到　宮本顕治の凄さと時代的限界